青少年自我管理高手

做一个自律有目标内驱力强的孩子

兰心——著

中国妇女出版社

图书在版编目（CIP）数据

青少年自我管理高手 ：做一个自律有目标内驱力强的孩子 / 兰心著. -- 北京 ：中国妇女出版社，2024.11. -- ISBN 978-7-5127-2413-6
Ⅰ. C912.1-49
中国国家版本馆CIP数据核字第2024HQ9128号

责任编辑：王海峰
封面设计：末末美书
责任印制：李志国

出版发行：中国妇女出版社
地　　址：北京市东城区史家胡同甲24号　　邮政编码：100010
电　　话：（010）65133160（发行部）　　65133161（邮购）
网　　址：www.womenbooks.cn
邮　　箱：zgfncbs@womenbooks.cn
法律顾问：北京市道可特律师事务所
经　　销：各地新华书店
印　　刷：北京中科印刷有限公司

开　　本：150mm×215mm　1/16
印　　张：14
字　　数：120千字
版　　次：2024年11月第1版　　2024年11月第1次印刷
定　　价：49.80元

自 序

PREFACE

亲爱的青少年朋友，大家好！你能翻开这本书，我很高兴。无论你是主动选择还是被动接受，这都是一段美好的缘分。从这一刻起，你将开启一段特殊的自我管理学习之旅，这也许可以让你的学习、生活和成长焕然一新！

一、为什么会有这本书？

我是兰心老师，从事教育行业 16 年，是一名家庭教练、个人成长教练和教练型老师，也是一个有趣、有爱、有能量的 15 岁男孩的妈妈。

很多朋友都是通过我的第一本书《青少年社交高手：做一个会说话懂交际情商高的孩子》认识我的。这是一本旨在帮助广大青少年朋友提升社交能力、社交技巧的图书。

这本书出版于 2023 年年初，一年多来，已经加印 7 次，销售数万册。能得到广大家长和青少年朋友的肯定和认可，我深感荣幸。我收到了很多读者的信息，其中有的来自家长，有的来自青少年。他们开心地向我反馈这本书带给他们的影响和帮助。很多人说，这本书读起来简单易懂，而且极具参考性、可操作性。他们向我表达感谢，我很开心。我也向他们致谢，因为他们的反馈让我觉得我的分享很有意义和价值。

同时，也有很多家长和青少年向我反馈青少年在慢慢长大过程中经常遇到的其他问题，如情绪问题、心态问题、学习问题、时间管理问题、电子产品使用问题等。是的，在这个一切都飞速发展的时代，青少年的成长和变化很快、很复杂，很多时候让人难以捉摸、不知所措。

我感受到了家长和青少年的焦虑、无奈和迷茫，这让我联想到了我的青少年时代。那个时候，当面对学习、生活和成长中的很多问题和困境时，我多么希望有人能够告诉我：我究竟可以做些什么？我如何才能帮助自己？等等。因为自己淋过雨，所以我总想为当下的青少年朋友撑起一把伞。我希望所有青少年都不要经历那么多迷茫和无助，在成长过程中有目标、有力量、有智慧、有能力。

正因如此，我写了你眼前的这本书：《青少年自我管理高手——做一个自律有目标内驱力强的孩子》。针对家长和青少年朋友非常关心的 12 个问题，我在书中力求从青少年朋友的角度理解、分析和解决问题，旨在帮助青少年朋友成为真正的自我管理高手，更好地应对生活中的各种挑战，成为自信、独立和成功的社会人，实现人生价值。

二、青少年为什么要学会自我管理？

亲爱的青少年朋友，想象一下：假如你可以做好自我管理，那你会成为什么样子？你的学习和生活将会发生怎样的变化？你的人生又会有何不同？你的爸爸、妈妈、老师、同学、朋友等会怎样看待你？……

此时此刻，基于以上想象，你的脑海里出现了哪些画面？你的心中又有什么样的感受？无论如何，我已经嘴角上扬，露出了会心的笑容。因为我仿佛看到了你改变后的样子，听到了你的反馈，感受到了你的喜悦、轻松和安心。

没有人可以一直陪伴你，并时刻指导和帮助你，只有你可以真正帮助到自己！当你学会自我管理，你才知道如何应对成长途中的困难和挑战，如何保持良好的身体和心理状态，如何持续不断地让自己自信和强大，如何感受生命赋予你的意义和价值。

畅销书《自驱型成长》的作者说，青少年需要对生活有一种健康的控制感。这对于青少年的心理健康和发展至关重要，同时会影响和促进青少年归属感和价值感的发展。倘若没有健康的控制感，青少年就会感到无能为力和不知所措，也往往因此变得过度被动与顺从。在缺乏控制感的情况下，不管青少年的成长背景如何，内心的混乱总是会带来伤害。

自我管理能力的提升可以显著提升青少年健康的控制感。通过科学管理情绪、心态、时间、学习、理想、兴趣爱好、行为习惯等，你可以提高学习效率，缓解生活压力，增强应对能力和适应力，改善人际关系，保持积极的态度和自我意识，从而拥有掌控学习、生活和人生的力量。

当你拥有健康的控制感，你就可以有效地管理自己的生活，从而获得归属感、成就感和价值感。这些积极的情感相辅相成，汇聚在一起会带给你持久的幸福感。这有助于你建立积极的人生观和价值观，对你的全面发展、健康成长至关重要。

我相信，《青少年自我管理高手：做一个自律有目标内驱力强的孩子》会让你拥有自我管理能力，在学习、生活和成长中拥有健康的控制感。这会让你拥有清晰的前进方向，以及改变的力量。

同时，我也想给家长朋友一点建议。作为家长，我们要知道在养育中最重要的事是相信和欣赏我们的孩子。我们要做孩子成长道路上的顾问，而不是代替孩子做决策。很多时候，面对孩子，我们尽到告知、建议与忠告的责任就好了。

我们可以告诉孩子："我相信你有自我管理的能力，我相信你可以对自己的生活做出明智的决定。对于很多事，就算结果不尽如人意，我相信你也能从错误或失败中吸取经验和教训。我很乐意在背后支持你，在你有需要的时候帮助你，在你有进步的时候为你喝彩、为你骄傲。加油吧，我的孩子！”

所以，家长朋友，请对孩子少些管教和约束，多些理解和支持，多些相信和欣赏。当我们把管理权真正交到孩子手上，我们会看到一个自我管理高手。如果我们愿意与孩子一起学习、一起成长，也许会收获一个更好的自己。

三、如何更好地使用这本书？

这本书由 12 章组成，每章聚焦一个与青少年成长相关的重要话题。每章都有关于青少年成长的故事，也有我透过故事想要和你分享的自我管理方法、技巧。我尽自己全力用简单的语言、清晰的分析、易操作的方法，让你真正读有所学、学有所用。毕竟，“知道”只是第一步，“做到”才是我们最期待发生的事情！

你可以从头到尾阅读本书，也可以从你最感兴趣或者更想了解的篇章开始阅读，还可以用拆盲盒的方式选择要阅读的内容。阅读的方式不重要，耐心领会和实践其中的内容才是最重要的。你可以随时记录你的心得体会并与我交流，也可以及时分享你的收获。

我十分欢迎你向我反馈你的思考和建议。

我的个人微信号是 lanxinyolanda，可以扫描下方二维码直接添加我的微信。

我十分期待与你有进一步的沟通和互动！

最后，我想感谢我的家人和朋友，他们给了我许多信任和支持。我的爱人黄贝贝和儿子黄皓宇给了我无条件的爱和包容，我的爸爸妈妈给了我无微不至的照顾和陪伴，我的学生给了我充分的肯定和认可，我的朋友和工作伙伴给了我无限的激励和欣赏，我的读者朋友给了我真诚的反馈和感谢。因为有你们，我才能克服困难，全力以赴地完成这本书的写作。

亲爱的青少年朋友，成功不是偶然发生的，它是自我管理的必然结果。我期待你通过认真阅读和勇敢实践成为真正的自我管理高手，获得成功！

兰心

2024 年 7 月

目　录
CONTENTS

第 2 章

我心态崩了怎么办
——管理心态

第 3 章

我完全不想学习怎么办
——管理学习

第 4 章

我有好多理想怎么办
——管理理想

第 5 章

我的生活完全没有规划怎么办——管理时间

第 6 章

我对电子产品上瘾怎么办——管理电子产品

第 7 章

我总是找不到自己的兴趣爱好怎么办——管理兴趣爱好

第 8 章

我常被家长埋怨缺乏安全意识怎么办——管理人身安全

第 9 章

我经常因为一些行为习惯挨批评怎么办——管理行为习惯

第10章

我常被家长埋怨乱花钱怎么办
——管理财务

第11章

我和爸爸妈妈经常发生冲突怎么办
——管理和爸爸妈妈的关系

第12章

我总是不能和朋友友好相处怎么办
——管理和朋友的关系

第1章

我心情不好时怎么办——管理情绪

你成长过程中，是不是有很多人告诉你哭不能解决问题？可是没有人哭是为了解决问题啊！管理你的情绪，从找个地方大哭一场开始也许是个不错的选择！这本身也是对情绪的一种接纳。管理情绪从接纳情绪开始。

亲爱的孩子，此刻翻开这本书的你心情怎么样呀？你今天过得如何呢？这一刻的你可能是开心的，可能是难过的，可能是焦虑的，可能是生气的，可能是无聊的，等等。这些都是情绪。

近些年，情绪这个词越来越频繁地出现在我们眼前。在日常生活中，很多人被情绪影响，为情绪所困。那么，你了解情绪吗？你知道自己都有哪些情绪吗？

当你有情绪的时候知道如何应对吗？我们一起来聊一聊吧。

首先，我们来看看情绪到底是什么。情绪是一种心理状态，是一种感受，是我们内心世界的外在表现。想想看，在日常生活和学习中，你是不是会因为各种各样的人和事，产生各种各样的感受？同时，你是不是经常会通过语言、肢体动作、表情等将自己的内心感受表现出来呢？可以说，这就是我们的情绪活动。

那么，你可能会有哪些情绪呢？其实，情绪有很多种，心理学家总结出了几十种情绪。我们可以通过一部优秀的电影《头脑特工队》了解最常见的5种情绪，它们可能在你身上经常出现。

它们分别是乐乐（快乐）、忧忧（难过）、怒怒（生气）、怕怕（害怕）和厌厌（厌恶）。强烈推荐大家都去看看这部电影，看完以后，你对情绪会有更多深刻认识和了解。这部电影也非常适合你和爸爸妈妈一起观看，可以增进你们的亲子关系。

当然，在日常生活中，常见的情绪还有焦虑、自卑、沮丧、尴尬等。

回想一下，上面提到的这些情绪是不是常常出现在你身上？青春期的你，尤其如此。由于身体和心理的快速发育，你会发现自己越来越敏感，情绪就像过山车一样不停地上下起伏，喜怒无常成了常态。你可能会因为一个人、一件事甚至一句话，而高兴、难过、生气等。这是不是让你和爸爸妈妈都感到很困惑，甚至已经影响到你的社交关系了呢？

其实，更多地了解情绪后，你就会知道，这些情况都是正常的，大人也是如此。随着持续成长，你调节、控制、管理情绪的能力会慢慢提升，不用过于担心。

接下来，我们来聊聊如何管理情绪，做情绪的主人。

第一，通过觉察，感受自己的情绪

如果你意识到自己有情绪了，尤其是有负面情绪了，而且自己受到影响了，比如连一件小事都无法很好地解决，那么你可以按下一个暂停键，让自己停下来，闭上眼睛，调整呼吸。如此反复多次，你就可以让自己慢慢平静下来。如果控制不住自己，而且想大哭一场，那你就找个地方大声哭出来。将心里的不舒服发泄出来，你会更快地恢复平静。选择哪种方式都可以，千万不要压抑自己的情绪，更不要忽略它。

然后，感受一下，你正在经历的是什么情绪，它在你身体的哪个部位。你可以用手轻轻地抚摸这个部位，也可以将双手交叉放在这个部位。你还可以和它对话，问问它想告诉你什么。

当然，如果情绪过于激烈，先让自己平静下来，不在激烈的情绪下做任何决定是首选。等慢慢平静下来后，你会感受到情绪背后的需求。其实，每种情绪都是来给你送“礼物”的，平静下来的你才能真正接收到这份礼物传递的信息。

我们来看一下丹丹的故事。

丹丹虽然只有 12 岁，但身高已有 1 米 73，她在班里比很多男孩高，甚至比妈妈高出一头。丹丹对这件事非常介意。她觉得自己和大家不一样，和妈妈出去逛街、看电影都会刻意选离家远一些的地方，避免碰见熟人，因为很多人一碰见她们，就会提她比妈妈还高这件事。

妈妈经常劝她：“其实这是你的优势呀，我高兴还来不及，不明白你为什么会有这样的反应。”

丹丹每次听见妈妈这样说时，都会生气，还会严肃地告诉妈妈以后不要再这样说，她不想听。

妈妈感到难以理解。

看完这个故事，你能感受到丹丹的情绪吗？这个情绪送来了什么礼物呢？我带着丹丹和妈妈一起感受了她的情绪，并帮她签收了情绪背后的礼物。

其实，丹丹是害怕同学嘲笑和孤立她。她觉得自己的身高不正常，和大家不一样，她感到自卑、恐惧和焦虑，她表达这些情绪的方式就是回避和发脾气。

我带着丹丹和妈妈就丹丹的情绪问题进行了沟通，丹丹情绪背后的礼物是让丹丹看到自己内心的自卑和恐惧，并让她明白，回避和发脾气并不能解决问题，她需要正确面对情绪，接纳情绪，并从中获得成长。

所以，觉察、感受情绪很重要，能让你看到情绪背后真正的想法和需求，助力你管理情绪。

第二，学会接纳自己的情绪

“人生是用来体验的，而不是用来演绎完美的。”这句话很打动我。生而为人，有喜怒哀乐，这是很正常的。接受自己的不完美，我们才会成长。

如何对待情绪是很关键的。面对情绪，是接纳还是对抗，对你的影响是截然不同的。接纳情绪才能更好地管理情绪，不接纳则会让情绪持续得更久、更激烈。不管面对正面情绪，还是负面情绪，都是如此。

13 岁的林林在初二上学期，从一所公立学校转到了一所民办学校。在新学校的首次考试中，他的成绩严重下滑，在班上排第 20 名。

妈妈试图和林林沟通他学习上存在的问题和调整办法的时候（没看到林林的情绪），林林非常不耐烦，一开始敷衍应答，最后直接拒

绝沟通。

那以后，他和妈妈的谈话总是不欢而散，他经常把自己关在房间里生闷气，为自己的表现懊恼。妈妈很伤心，她不明白原来乖巧听话的林林怎么变成这样了。

你在看完林林的故事后有什么感受呢？林林很生气，也很难过，他的这些情绪背后是担心和害怕。妈妈忽略了林林的情绪，想直接解决他学习上的问题。这提醒我们，遇事要先解决心情，再解决事情。忽略情绪直接去处理问题，只会导致更加糟糕的结果，无法让我们取得想要的结果。

假如这样的谈话重新来过应该怎么进行呢？

假如林林能够接纳自己的生气和难过，结果会怎样呢？毕竟，换了学校，考试失利，他完全有理由生气和难过。

当妈妈和他沟通学习的事情时，他若坦然地告诉妈妈他有情绪，需要先处理一下，并跟妈妈约其他时间细谈，事情会不会发展得更加顺利一些呢？

假如妈妈能看到林林的情绪，并给予接纳和安抚，陪他先解决情绪的问题，再解决其他问题，结果会有什么不同呢？

所以，我们要接纳情绪，尤其是负面情绪，因为它们都是来送礼物的。一旦能接纳情绪，你就会发现，你的状态会很快恢复，解决问题也更加顺利。

第三，找到自己专属的转化情绪的方法

通过感受和接纳情绪，你会慢慢平静下来。然后，你可以尝试做一些事情转化情绪，让自己获得能量，将自己调整到最佳状态。如此，你才能真正学会管理自己的情绪。

下面，我介绍一些可以帮助你转化情绪的方法。

调整呼吸

这是随时随地都可以马上使用的方法，而且效果非常明显。“不开心时，做个深呼吸吧！不过是今天这么糟糕而已，又不是一辈子都这么糟糕。”这话听起来是不是挺治愈的？！

下面两种简单有效的调整呼吸的方法，可以快速帮我们调整情绪。

这两种方法分别是“123 呼吸法”和“478 呼吸法”。这是我一直在用的方法，我也曾带领很多孩子体验过。

“123 呼吸法”：闭上眼睛，深深吸一口气，在心里默念 1、2、3，最后张开嘴慢慢呼出这口气。与此同时，你会感觉身体里的负能量和坏情绪一起被排了出去，有一种特别爽快的感觉。每一次呼气时，你可以在心里默念“呼出烦恼、呼出焦虑、呼出不开心”。

提醒两点：1. 每一次呼气都要比吸气久一点；2. 不要对着他人呼气，原因你应该懂得！

“478 呼吸法”：闭上眼睛，深深吸一口气，在心里从 1 数到 4；然后憋住这口气，在心里从 1 数到 7；最后慢慢地呼出这口气，同时在心里从 1 数到 8。这个过程中，你会有一种很放松的感觉。这种方法也可以很好地助眠。

好好睡觉

情绪对身体会有很多消耗，会让你感觉很累，尤其在有比较激烈的表现时，比如大喊大叫、大哭大闹等，因此身体非常需要充分的休息来充电。好好睡一觉很重要，会让身体和情绪都得到缓冲。

很多时候，好好睡一觉之后，很多事情我们就想开了，问题也会得到合理的解决。大脑和身体都很有智慧，会帮助我们做调整，尤其在我们睡觉的时候。睡不着的话，可以使用上面的“478 呼吸法”，也可以听一些助眠音乐。

适当运动

如果你平时有运动的习惯，那么可以适当做一些运动来缓解情绪，帮助身体快速恢复。运动时，身体会分泌多巴胺等激素，这会让人身心愉悦。

如果你平时没有运动的习惯，那就慢慢尝试，循序渐进，直至找到适合自己的运动方式。

表达情绪

可以向你信任且充满正能量的人诉说你的感受，将负能量发泄出来，为身心减负。记得，要表达情绪，而不是进行情绪化的表达，这两者是非常不同的。

需要提醒的是，聆听你倾诉的人很重要，最好是你很信任且可以给予你正面反馈和引导的人，比如爸爸、妈妈、老师、你信赖的其他成年人等。这样可以避免双方都陷入负面、消极的状态，甚至发生争吵。否则，可能让你增加新的烦恼。

当然，也可以通过文字记录表达情绪。文字是非常有力量的。书写的过程也是慢慢释放情绪的过程，之后整个人会放松很多。而且，通过文字记录情绪，你可以观察到自己的变化和进步，这有助于你长期调整自己的情绪和状态。

正念冥想

可以在调整呼吸后进行正念冥想。闭上眼睛，调整呼吸，用正念冥想来让自己放松。这个过程中，可以默念："没事的，一切都会好起来的。我知道我现在有情绪，我是情绪的主人，我可以管理好我的情绪。这样的情况是正常的，每个人都有情绪。我可以管理好我的情绪，我可以的。所有问题都会解决的，一切都会过去。我很棒，我爱我自己。”

重复默念这些话可以给予自己能量。哪些话对自己有效，可以多重复，直到自己平静下来。也可以完全放空自己，什么都不想，什么都不做，就是和自己静静待一会儿，这也可能收到意想不到的效果。

到大自然中去

大自然是拥有神奇能量的地方。在条件允许的情况下，可以到有绿色植物、新鲜空气和明媚阳光的地方走一走，比如公园、树林等。研究表明，在自然环境中走一走、逛一逛，能显著缓解负面情绪、减小压力、增强注意力、提升幸福感等。如果条件不允许的话，只是注视绿色植物 3 ~ 5 分钟，也可以让情绪得到缓解。

阅读

有情绪的时候往往是你遇到了问题，且没有找到解决办法的时候。阅读相关书籍是一种有效的调整方式，可以让我们找到解决问题的方法，慢慢平静下来。许多人在烦闷、无助的时候，正是通过阅读疗愈了自己。

数数

有句话是这样说的："在你生气的时候，如果你要讲话，先从 1 数到 10。在你愤怒的时候，如果你要讲话，先从 1 数到 100。"我很认同这个方法，也亲身尝试过。数数是可以让情绪慢慢平复的方式。慢慢数，数完后你可能会忘记自己为什么生气。

通过观察和尝试，找到对自己有效的方式，比如调整呼吸、好好睡觉、适当运动、到大自然中去放松、正念冥想等，或同时使用多种方式，我们可以慢慢找到真正适合自己的管理情绪的方法。

拿破仑说过："能控制好情绪的人，比能拿下一座城池的将军更伟大。"管理情绪是一边学习、一边实践的过程，能为你的学习、生活和健康成长奠定坚实的基础。所以，从现在开始，做情绪的主人吧！

第 2 章

我心态崩了怎么办——管理心态

积极健康的心态是内在力量的源泉，能够引领我们穿越人生的风雨和低谷，也决定着我们面对生活的态度和方式。

管理心态是一个很重要的话题，在我们成长过程中起着举足轻重的作用，尤其是在充满变化和挑战的青少年阶段。可以说，能否管理好心态，直接决定着你将收获怎样的人生。

在这里，我想分享一下我在写作这本书过程中的心路历程或心态变化过程。在我的第一本书《青少年社交高手：做一个会说话懂交际情商高的孩子》出版后，我就开始酝酿这本书了。承蒙大家喜欢，我的第一本书销量很不错，所以第二本书的写作似乎是水到渠成的事，但实际情况并非如此。整个写作过程非常艰辛，充满了挑战。

在过去一年多的时间里，我在一所民办学校任教，每天工作 10 ~ 12 小时。工作内容有备课、上课、批改作业、参加各种教研会议和学校的活动、解决学生出现的各种问题、和家长沟通等。我一整天下来经常感觉身心疲惫，要么没有时间写作，要么因为状态不佳而没有写作灵感。而且，我还要抽出一部分时间照顾和陪伴我的儿子小宇。

有一段时间，我看到前进的路上堆满了大石头，我想要搬开它们，继续前行，但一切都没那么容易。我感到非常沮丧，备受打击，甚至有了放弃的念头。要么工作，要么写作，似乎这二者之中我只能选择一个。

这种两难的情况僵持了一段时间，有一天我决定静下心来面对这个困境。我给自己做了一次教练。我觉察到我的心态需要调整，只有管理好心态，积极面对问题，才能真正解决问题。我相信自己一定可以找到问题的解决方案。那天之后，一切外部环境都没有改变，但我有了变化。

我还是那个时间紧张、工作忙碌的我，但我会在感觉累的时候去做正念冥想，去运动。做完一件事之后，我会让自己停下来，放松一下，再做下一件事。我接纳自己有时候做不到，也接纳自己本就不完美。从此，内耗少了，能量多了，工作效率高了，状态好了，灵感多了。我会在帮助家长、孩子解决问题后及时做记录，这些都是我的写作素材。我会在陪伴孩子聊天的过程中搜集写作素材。

心态改变后，我变得更加积极、乐观，我的笑容回来了，解决问题的方法也越来越多。

从那以后，我会在各种假期去图书馆尽情享受写作带给我的乐趣。我明明做了更多的事，但轻松和欢喜取代了之前的疲惫不堪。

正像我的好友项兰雯老师在她的著作《转念的奇迹》中所写的“所有你不想要的现在都需要一次转念”，最终我搬开了可以移动的大石头，我曾经无力移动的大石头成了我走向前方的垫脚石。我成功地度过了这个艰难的时期，顺利写完了这本书。

当然，整个过程中我的状态还是有起伏，但我通过使用各种管理心态的方法做了很好的调整。我想毫无保留地把这些方法分享给大家。

青少年时期是人生中极为重要且充满挑战的阶段，这个时期我们在生理、心理、社会性发展等方面都会经历各种变化，很容易遇到一系列心态问题。当学会管理心态，无论遇到什么样的困难和挑战，无论在顺境还是逆境，我们都可以积极地、从容地应对，为健康成长打下坚实的基础。

第一，正确认识和接纳心态问题

这是管理好心态的基础。每个人都有可能经历挫折、挑战、失败、求而不得等，只有正确认识和接纳由此产生的心态问题，不焦虑，不内耗，不逃避，才能积极采取有效的方法和策略解决问题。

乐乐上中学后，感觉到了前所未有的压力。在小学时她一直是班里最优秀的学生之一，升入初中后她发现身边的很多同学都比她优秀。她害怕家长、老师和朋友对她失望，经常焦虑得睡不着觉。由此，她的学习成绩很不稳定，她整个人也变得十分内向、孤僻。

直到班主任老师观察到她的异常情况，并找她沟通时，她才说出了自己内心的恐惧和担心。通过老师的疏导，她清晰地认识到自己当下的心态出了问题，并主动找爸爸妈妈寻求帮助。

在大家的帮助下，乐乐正确认识并接纳了自己当下的心态问题。之后，她开始改变，不再过度关注学习成绩，也不再过度关注自己的缺点，而是慢慢调整自己的心态，更积极、乐

观地面对自己的学习和生活，看到独一无二的自己，接受自己的不完美。

那以后，她不仅学习越来越好，人也越来越自信、开心。她还通过分享自己的经历帮助了很多遇到相似问题的同学。

看到了吗？心态就是这么重要！请一定要正视心态问题。

第二，相信相信的力量

人在状态不佳的时候，总是会出现很多负面、消极的想法，凡事似乎都会往坏处想。往往这种时候，我们相信的事情真的会一一发生。然而，好消息是，如果你愿意积极乐观地思考，你所相信的好事也会一一发生。

即便你遇到的是从未遇到过的难题，只要你愿意相信自己可以，不轻易放弃，不轻易被击垮，主动调整心态，积极面对，你就一定可以找到解决方案。

所以，相信相信的力量吧，你最终会成为你相信的那个样子！

第三，不断积累成功经验，不断成长

学习了以上两点，你对于心态应该有了正确的认识。接下来，你要做的是不断夯实心态，不断成长和超越自己。在这个过程中，积累成功经验很重要，成功经验能让我们更加自信和强大。

学会思考，学会总结

古人云："吾日三省吾身。"成长中遇到的每个困难和挑战，对你而言可能都是财富。若能静下来思考，你可能会惊喜地发现任何问题都有解决方法，而且不止一个，你可能还会发现你有很多可以求助的人和平台。

通过总结，你可能收获很多应对挑战的经验。这都会让你在未来的成长道路上更加从容和老练，更容易获得成功。

不断验证，持续积累

可以用新的成功来验证自己静心思考和总结的方法是有效的。每一次解决问题的过程都是学习和成长的机会，你的经验和能力在这个过程中会不断得到积累和提升。请不断夯实心态，你将更加坚定和自信。

坚韧不拔，积极助人

成功的经历会令你喜悦，也会不断给你注入力量。

请保持坚韧不拔的心态继续前行，无论是顺境还是逆境，你都可以很好地适应和坚持，甚至可能成为榜样，有机会去影响和帮助别人。所以，请保持良好的心态，而且要不断夯实和巩固积极心态，直至形成正向循环。

每个人的成长中都充满了高低起伏，正是这些经历造就了独一无二的你。管理好心态，正确认识，敞开心扉，大胆接纳，积极思考，勇敢面对，无畏风雨，最终你会发现自己比想象中坚强、有能力，这会让你一生受益！

第3章

我完全不想学习怎么办——管理学习

学会不如会学，管理好你的学习，你将终身受益。

我们先来看两个小故事。

12 岁的小北决定和妈妈好好谈一谈。他不想上学了，觉得学习没意思，也没意义，而且自己也学不好，是班里的“学渣”。他看到，网上很多“网红”，随便搞搞直播，拍一些搞笑段子，娱乐一下网友，就可以赚很多钱。他举了很多例子，觉得自己也可以这样，这种成

直播
网红

功相对简单一些。他还说，成功的方式有很多种，不一定非得在学校里通过学习取得成功。他想爸爸妈妈以他为荣，觉得他是很优秀的人。他希望大家都认为他是很优秀的人。

10 岁的慧慧觉得学习太累、太辛苦了，还很无聊。而且，她觉得在学校学到的很多东西好像在生活中都用不着。她说，需要某些知识的时候，用手机和电脑搜索一下就可以了。所以，她没什么学习动力，她的成绩和状态一直都不好。

孩子，你觉得小北和慧慧的想法有道理吗？你想过人为什么要学习吗？

我们从很小就开始上学，正常来说，人生最初的十几年几乎每天都在学习。那么，学习的意义到底是什么呢？我们简单探讨一下。

首先，学习会让你成为一个有选择的人。

先和大家分享一个真实的故事。故事的主人公名叫张俊成。

张俊成出生于山西省的一个小山村。初中毕业后，他中断学业，在家帮父母干农活。之后，他先后在矿场、汽车配件厂打过工。那时，年少的他不知道以后自己到底能做些什么。

后来，他得到了一个去北京当保安的机会，但入职前需要接受将近一个月的培训，而且培训成绩决定分配去向。虽然不知道自己会被分到哪里，但他知道这可能是一个机会，所以拼尽全力学习各种知识和技能，最终他拿到了很好的成绩。之后，他被分配到北京大学做保安。

到北京大学工作后，张俊成发现与他年龄

差不多的学生过着和他完全不同的生活，他们朝气蓬勃，每天都在努力学习，他们的人生似乎有无限的可能性。

这让张俊成产生了一些落差，他也想改变自己的人生，做自己喜欢的工作。

于是，张俊成利用业余时间刻苦学习，考上了北京大学法律系。

几年后，他成了一名校长，他想帮助更多孩子通过学习改变命运，拥有真正的选择人生的权利。

无独有偶，来自贫困家庭的北京大学保安甘相伟也通过持续不断的学习，考上了北京大学中文系，还出版了《站着上北大》。在书中，他记录了自己的奋斗历程，鼓励人们通过学习以及持续不断的努力实现人生梦想。

学习可以让我们获得知识，知识可以改变命运。

这不是一句口号，而是每天都在发生的事情。可以说，学习几乎是门槛最低的改变命运的路径。如果你拥有很好的学习条件，好好学习吧。学习可以让你的人生有很多选项，而你可以自由选择。

其次，学习会让你成为一个有竞争力的人。

通过学习，你可以更好地认识和了解自己与世界。学习知识的同时，你会学到很多技能。某些知识你可能会随着时间的流逝而忘记，但通过学习获得的能力会伴随你一生，包括你的学习能力。而且，学习会使你拓宽视野。在不同的知识和能力背景下，人们看到的世界是不同的，对于职业和生活的选择自然也不同。在持续不断的学习中，你会逐渐知道自己想做什么，不想做什么。这就是个人竞争力形成的过程。当你明确了自己的发展方向，并为此不断钻研和进取，你的竞争力会越来越强。

再次，学习会让你成为一个有价值的人。

这一点很好理解。通过学习，你能掌握很多知识和技能。你会的越多，越有更多方式方法解决各种问题。能做好的事情越来越多，你的自我价值感就会越来越强。我自从当了妈妈之后开始研究科学育儿方法，阅读了大量关于育儿、心理和教育的书籍，也学习了很多相关课程，成了一个凡事有办法的妈妈，不仅养育好了自己的儿子，还为上千家庭提供了育儿指导，这让我实现了自我价值。这实际上就是学习的价值。

最后，学习会让你成为一个幸福快乐的人。

我们学习不仅是为了获取知识和技能，学习实际上是一个让我们不断认识自己、提升自己的过程。通过学习，你可以发现自己的兴趣爱好，明白做什么最能让自己开心。学习不仅能带给你眼前的快乐，更能为你未来的工作和生活做好铺垫。学习不仅能带给你一份有价值的工作，更能带给你精神的富足和健康的生活。学习会让你不断实现个人价值和目标，源源不断地带给你成就感和满足感。这些都是幸福快乐的源头。

所以，我想告诉像小北、慧慧一样觉得学习没有意义的孩子，你们当下看到的很多“网红”看起来很让人羡慕，但他们成功的样子只是他们生活的一部分，甚至很有可能是包装出来的。我们并不了解他们的过去，他们的生活环境和未来的规划。我们不能只看眼前，而不考虑未来，我们要看到学习的长远价值。

当然，有一些可以带给我们正能量的主播，我们可以适当关注一下。

我们来看一下知名主播董宇辉说过的一段话：“你现在努力做不喜欢的事情，有一个目的，就是有一天你可以选择做你喜欢的事情。你不用喜欢英语，你只要记得它能让你以后有选择的机会就行。当你背单词的时候，阿拉斯加的虎鲸正跃出水面；当你算数学题的时候，南太平洋的海鸥正跃过海岸；当你晚自习的时候，地球极圈的夜空正五彩斑斓。少年，梦你要亲自实现，世界你要亲自去看。加油！未来可期！所以请你拼尽全力！当你为未来付出踏踏实实的努力的时候，那些遥远的风景，和你觉得见不到的人，都终将在你生命里出现。你不能抱怨自己的出身，你也没有办法选择自己的命运，但你可以 make the best out of everything。好好学习，好好读书。”

这段话点醒了很多不想学习的孩子，尤其是和小北、慧慧一样有类似想法的孩子。世界那么大、那么精彩，我们通过不断学习、探索，一定可以让自己未来的人生有意义、有价值、有无限可能！

厌学不仅源于不能正确认识学习，更源于不能正确规划和管理学习生活。那么，如何管理学习，如何获得事半功倍的学习效果呢？

以下 6 个方法，也许可以帮助你在学习道路上成功打怪升级！

第一，好好睡觉，好好休息

对的，你没有看错。第一条也是最重要的一条，就是如此简单。睡觉这件事似乎很容易被大家忽视，尤其是在十分忙碌的时候。日常生活中，有人熬夜学习，有人熬夜工作，有人熬夜打游戏，有人熬夜玩手机……似乎很多事都比睡觉重要。但你可能不知道的是，睡好觉对于大脑发育、情绪、身体健康、学习等都有着至关重要的作用。

高质量的睡眠是你管理好学习的关键一环，一定要重视起来！还要提醒大家，睡前是记忆的黄金期。如果你有必须记住的学习内容，可以在睡觉前 10 ~ 30 分钟背诵，午睡前和晚上睡觉前都可以。而且，即便你睡着了，大脑中的海马体还会继续工作，帮助你处理学习的事情，这可以提高你的学习质量。牺牲睡觉时间熬夜学习，从长远的角度看于学习无益，甚至可能对大脑和身体造成伤害。所以，你可以提前制订学习计划，合理利用睡前的时间，也许会收获事半功倍的效果。

第二，不断给自己树立小目标

想象一下，如果我们要射箭，是不是先要确定靶在哪里？这样，我们才能信心满满，有的放矢。

学习也是一样，我们要学会为自己树立学习目标。这里我要强调一下，是小目标哦，越具体越好。

我在这里所说的具体的小目标有以下几个特点：

1. 有具体的完成时间；

2. 和自己相关；

3. 可以通过自己的努力达成；

4. 切合实际。

比如：你想在这个暑假结束的时候记住 100 个新英语单词；你想在这个学期结束前读完四大名著；你想在下次考试的时候考入班级前五；等等。这些都是具体的小目标。如果你心里装着一个大梦想，可以将其拆解成一个一个具体的小目标，然后逐一完成。

小目标的达成会给你及时反馈，能为你赋能，让你一步一步去实现大梦想。

当然，我要提醒一下，目标是可以基于实践过程中的实际情况进行调整的，这可以促使你不断努力，不断精进！

第三，遭遇瓶颈时，努力找到突破点

全力实现目标的路上可能会遇到拦路虎，比如状态不佳、付出努力却看不到成果、无法坚持等。这样的情况都有可能发生，可以让自己冷静思考一下，并努力寻找可以让自己继续前行的突破点。比如从易达成的部分入手、从自己最感兴趣或擅长的部分入手、寻求帮助等。

一个突破点可能是一个转折点，可以给你很大的动力，让你持之以恒地去努力！

第四，及时肯定自己

实现目标的过程不简单、不容易，如何让自己坚持到底很关键。及时肯定自己的成绩和价值非常重要，哪怕只是前进了一小步，也是值得肯定的。

比如，你树立了每天阅读 30 分钟的小目标，但你某天因为一些客观原因实在完成不了，只能在睡前抽出 5 分钟进行阅读，那么请你给自己的坚持一个大大的肯定！

在这里，每天阅读 30 分钟只是一个可帮助你达成目标的量化标准，比这更重要的是你可以坚持下去。

你在努力想办法达成目标，这一点非常值得肯定！千万不要否定自己，苛责自己，否则可能击垮你的信心，让你离目标越来越远。

第五，不断复盘、总结，必要时主动求助

学习的过程中，复盘、总结是非常有必要的，这就像我们在路上行走时，也要时不时停下来看看我们前进的方向对不对。

复盘、总结是非常好的方法，复盘收获、总结经验教训之后，可以有针对性地进行调整，然后再次出发。如果遇到想不明白、解决不了的问题，可以及时向你认可和信任的老师、家长、朋友等求助，也可以向权威社会平台求助。可以有针对性地建立解决问题的清单和流程。

第六，积累一些管理学习的小工具

工具在手，方法不愁！想要管理好学习，必须积累一些好用的学习工具。

费曼学习法

如果你关注过“学习吸收率金字塔”理论，你就会明白，不同的学习方法导致的学习吸收率有很大的差别。

也就是说，学没学只是一方面，更重要的是，学会了没有，学会了多少。我们要用最有效的方法来学习，才能收获最好的学习效果。

从下页的示意图中，我们可以看到不同学习方法的学习吸收率。

我想问一下，你最常用的学习方法是什么呢？

我在这里要强烈推荐给大家的正是学习吸收率很高的费曼学习法。费曼学习法可以用 6 个字概括——“教是最好的学”。学习了某些知识之后，如果你能教会别人，那表明你真正掌握了。

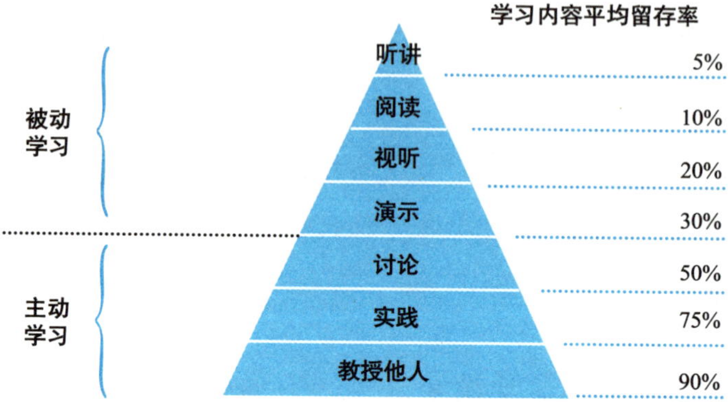

不同学习方法学习吸收率示意图

下面，我简单总结一下费曼学习法的使用步骤。

1. 选择学习内容，并认真学习。

2. 教授给他人。最好选择完全不懂相关知识的人，这有助于检验你是否真的教会了对方。

3. 发现问题，查漏补缺。讲的过程中，一旦发现问题，要及时记录下来，这样有助于你真正掌握和修正。

4. 简化表达。不管是给别人讲，还是自己学习，尽量做到简单、清楚、直接，以便你或别人更好地理解。

番茄学习法

很多家长和孩子都十分关注学习注意力的问题。无法专注于眼前的学习任务，容易走神或者被其他事情吸引，都意味着注意力不好。练习专注的能力非常重要，可以大幅提升学习效率。

番茄钟

番茄学习法实际上是一种简单的时间管理方法，由弗朗西斯科·西里洛于 1992 年创立，旨在提高工作和学习效率。

该方法的核心是将大的工作、学习时间段分解成小的时间段，一般每个小的时间段为 25 分钟。

每个小的时间段之间是 5 分钟的休息时间。以此循环，每完成 4 个小循环后，可以进行一次较长时间的休息。

这种方法不仅适用于学生，也适用于成人，可以大幅提高专注力和学习效率。

在每个小的学习时间段内，要避免干扰，专注于当前的学习任务。休息时间，则要彻底放松自己，以让身体获得休息。

每完成一个时间段的学习计划，都要给自己正面反馈，夸夸自己，鼓励自己不断坚持、不断超越！

艾宾浩斯遗忘曲线

艾宾浩斯遗忘曲线是德国心理学家艾宾浩斯提出的。他经过研究发现，遗忘在学习之后立即开始，并且遗忘速度是先快后慢。

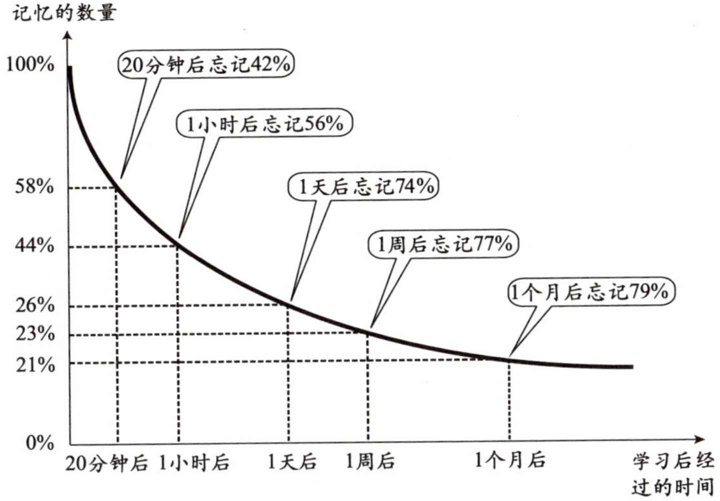

艾宾浩斯遗忘曲线图

也就是说，我们学过的内容，如果不及时复习、巩固，很快就会忘记。这是艾宾浩斯遗忘曲线的核心内容。根据遗忘曲线，学习新知识后应该尽快复习，因为在最初阶段遗忘速度最快。

据此，我们可以为自己设置复习时间节点，比如初次学习后 5 分钟、30 分钟、12 小时、1 天、2 天、4 天、7 天、15 天等。当然，这是一个推荐频率，大家可以根据个人情况设置。

复习方式或者复习过程可以设计得有趣一些，可以借助卡片、表格、绘画、教授他人、组队互助等复习，还可以将复习和自己喜欢做的其他事情结合起来。

丰富多样的方式会刺激大脑的不同区域，有助于大脑对于新旧知识的存储和巩固。每一次复习都是大脑对所学知识的强化，你会记得越来越牢固。久而久之，你就很难忘记了。

这些方法你都学会了吗？你接下来要做的事情是，对于对的事情，重复，重复，再重复。坚持不懈，你终会达成想要的目标。

当然，学习结果固然重要，但更重要的是学习过程中全方位的收获和成长。学会思考比学了什么更重要，学会不如会学。管理好你的学习，你将终身受益。

最后要提醒的是，选择简单模式，人生会越来越困难；选择困难模式，人生会越来越简单。愿大家都能好好学习，天天向上！

第 4 章

我有好多理想怎么办——管理理想

理想是指路明灯。没有理想，就没有坚定的方向；而没有方向，就没有未来。

咱们先来看一个小故事。

一天，在送儿子小宇去学校的路上，我们一起讨论关于理想的话题。

我问小宇："你知道什么是理想吗？"

小宇说："知道呀！理想就是努力的方向，就是关于未来的规划，就是将来我们最想做的事。"我观察到，他好像知道，又好像有点不确定的感觉，所以表达的时候有些迟疑。

我继续问："那你的理想是什么呢？"

听到这个问题，小宇沉默了一会儿，然后说："我好像没有思考和规划过理想。我现在上初二，每天的生活都很规律。我当下想考上理想的高中，过几年考上理想的大学。我当下的理想好像就是这样，但这好像不应该是我全部的理想……"

孩子，你会如何回答上面的问题呢？关于理想，你有哪些思考和想法呢？你有理想吗？你知道如何管理理想吗？

其实，我身边有很多孩子和小宇一样，他们从记事起，或者从上学起，一切就好像被安排好了。他们人生最初的轨迹就是上幼儿园，上小学，上初中，上高中，上大学。他们的生活很满、很充实，所以他们做好眼前的事就行了，理想似乎在很遥远的未来。很多时候，理想只是他们的一句不假思索的口号："我想……""我一定要……"

我认识很多人，他们上完大学后不知道该做什么，就继续读硕士，读博士。在他们看来，只做好学习这一件事就可以了，他们不会去考虑其他事情。那么，然后呢？上学的尽头是什么呢？我们最终想要的是什么呢？这些问题确实不好回答，但非常值得我们思考和探索，因为这关乎人生的方向和意义。

理想是什么？一般而言，理想指的是我们对未来的美好想象和希望。更深刻一点讲，理想是人们在实践中形成的对未来社会和自身发展的向往与追求，是人们的世界观、人生观和价值观在奋斗目标上的集中体现。理想对于青少年来说，是指他们对未来生活、职业选择、个人价值的一种憧憬和追求。

理想为什么很重要？大家一定听说过很多名人小时候树立了远大理想并坚持不懈为之奋斗而实现人生价值的故事。他们的成就很大程度上源于从小就树立了远大理想。这样的例子有很多，你身边肯定也有这样的例子。理想不仅是青少年成长道路上的指路明灯和灯塔，也是激励青少年不断前进的动力。青少年有了理想，就好像航行在海上的船有了前进的方向。有了理想，我们的人生就有了奋斗的目标、价值和意义。

既然理想如此重要，那么树立理想，管理和实现理想就是非常有价值的事情。以下 5 点可以帮助大家树立和管理理想。

第一，明确目标，确定理想

每个人在不同的人生阶段应有阶段性目标，比如提高某学科的成绩、通过某个考试、取得某个证书等。与此同时，每个人也应有长远一些的目标，比如考上理想的高中或大学、从事自己喜欢的职业等。在此基础上，我们才能慢慢确立更加长远的目标甚至人生目标。

你要静下心来好好思考一下，自己现阶段的理想是什么，未来的理想又是什么。在这个过程中，可以通过很多方式助力自己探索。可以通过大量的阅读和实践，拓宽自己的视野和认知。可以通过了解其他成功者的经历获取灵感和力量，尤其是你的榜样和偶像，你崇拜和喜欢的人身上一定有你想要追寻的特质。可以多关注自己感兴趣或喜欢的事，尤其是那些你一想到就兴奋的事。

这些都是你可以探寻自己理想的突破点。这个过程需要时间和耐心，同时充满变化和未知，但你值得一试！

第二，想象成功画面，激励自己

确定理想后，可以经常想象自己实现理想后的画面，以此激励自己。比如，你可以闭上眼睛，给自己 5 分钟，好好想象。

想象一下，当你实现了理想，你是什么样子呢？

你会在什么地方？你穿着什么样的衣服？你脸上的表情是怎样的？你身边都有谁？你在干什么？你会说些什么？你听到了什么？你的感受是怎样的？等等。

你可以静静地在这个画面中多待一会儿。也许，你会听到身边的人问：“你是如何做到的呢？你能分享一下你实现理想的过程和心得吗？”那么，你会说些什么呢？

对于以上的想象活动，你有什么感受呢？若想做成一件事，可以通过想象在理想和行动之间建立联结，这也许可以助你实现理想。更重要的是，可以为你接下来的行动注入力量。

第三，制订计划，持续行动

你要相信你才是自己的专家，没有人比你更了解自己。所以，你可以根据自己的目标和特点，制订一个具体的计划，去实现你的理想。

你应该做过学习计划或假期计划吧！想想哪些目标最终实现了，哪些目标搁置了。

然后，请汲取经验和教训，做一个可持续执行的计划，这很关键。

一个可持续执行的计划应满足以下几点：

1. 达成目标需要学习的技能。

2. 清楚的阶段性任务。

3. 需要的资源和帮助。

4. 详细的时间表。

5. 可能会遇到的困难、挑战及应对措施。

计划做好后，就开始行动吧！追求理想的过程不可能一帆风顺。你可能会面临各种问题，请保持好心态，坚持不懈！

第四，遇到问题，及时反思，及时调整

要定期检查追逐理想的进展，看看自己是否在正确轨道上。一旦遇到问题，要认真反思，看看哪些部分需要调整和改进，哪些经验和教训可以借鉴和利用。调整过后，请继续努力，持之以恒地追求自己的目标！

第五，每一个小胜利都值得被看见

实现每个阶段性目标之时，都要给予自己正向反馈或奖励，这样有助于我们充满信心和力量地去迎接之后的挑战。一定要记住，每一个小小的胜利都值得被看见和庆祝。

阶段性的成就会持续激发你的积极性和创造力，增加你的成就感和价值感。这样的正向循环一旦建立

起来，会让你有源源不断的动力坚定地前行，直至实现自己的理想！

孩子，无论你现在处于人生哪个阶段，从此刻开始在心里种下理想这粒种子吧。随着你的不断成长，这粒种子会慢慢生根，发芽，茁壮成长，你的理想终将一步一步成为现实。由此，你会收获一段精彩而有意义的人生旅程，加油！

第 5 章

我的生活完全没有规划怎么办——管理时间

优秀从管理时间开始。今日的自律，明日的成就。今日的规划，明日的自由。

孩子，谈到管理时间这个话题，你首先会想到什么？你有什么经验和心得吗？你有什么困扰和问题吗？

在一场关于“如何管理时间”的主题活动中，斌斌分享了他的困惑，引发了大家的共鸣。

斌斌说：“我基本不需要管理时间，因为每天都忙得没有时间管理时间。作业太多了，我把课余时间都用上了，有时候还写不完。周末，我有兴趣班要上，一点休息和娱乐的时间

都没有。我就像个小陀螺，不停地在旋转。我的生活乱糟糟的，完全没什么条理。我总是感觉很烦躁、很无奈。我无法很好地集中注意力干任何事，想调整又无从下手。所以，我没有时间管理时间，眼前有什么事就做什么事。”

斌斌的分享引发了大家的讨论，现场大部分孩子都觉得在管理时间这件事上困难重重，压力很大。

大家讨论最多的问题有 3 个：

1. 如何拥有更多的时间？

2. 如何有效地管理时间？

3. 如何有时间做自己想做的事情，而不是每天只做自己应该做的事情？

这些问题特别好，跟青少年的学习和生活息息相关。如果可以找到答案，我们在管理时间这件事上肯定会更加轻松，对自己的生活也会产生很大的正面影响。

我接下来的分享也许可以助力你找到答案。我力求用简单实用的方法，让你学会管理时间，从“没有时间的小陀螺”成为“时间管理小达人”。

在分享之前，我想先邀请你想象一下，假如在调整之后你可以很好地管理时间，你可以在有限的时间里合理安排并完成所有事情（包括你应该做的和你想做的），那会是什么样子呢？你会有什么感受呢？记住你此时此刻的想法，或者脑海里出现的画面，然后和我一起开启一趟时间管理之旅吧！

第一，无论何时，对你有多少时间和多少事，都做到心中有数

时间不够用的感觉不仅仅你有，很多人都有。这

在成年人中也非常常见。实际上，时间对每个人都是公平的，所以在时间层面大家的起点是一样的。

你有多少事情要做?

你有多少时间可以支配?

任何时候，如果不能厘清这两点，它们就会像缠绕在一起的毛线一样一团糟。如果任何时候你都清楚自己有多少时间以及有多少事情要做，你会惊喜地发现，所有事情你都能顺利完成，因为清晰就是一种力量。

我儿子小宇还在上小学五年级的时候，有一次回到家后非常沮丧和生气。他说老师们布置了很多作业，写到半夜都不一定能写完。他觉得非常不合理，时间完全不够用。光想想就觉得完成不了，他根本就不想做。

感受到他的情绪后，我先安抚了他，并让他休息一会儿。还记得吗?要先解决情绪，再

解决问题。最后，我和他一起用我们日常常用的做事逻辑和管理时间的方法面对和解决当下的问题。

很多时候，感觉事情多得做不完只是我们的想法，并不一定是确定的事实。以下一些方法也许可以帮助我们在面对很多事情时厘清头绪。

便利贴记事法

即用便利贴把要做的事情一一写出来。注意，每张便利贴上只写一件事。如果可以预估一下做每件事的时间，就更好了。比如，小宇那天的作业有：抄写英语单词，10 分钟；背英语对话，15 分钟；成语听写，15 分钟；写作文，25 分钟；做数学卷子，20 分钟；讲数学练习题，10 分钟左右；等等。

然后，把便利贴贴在墙上，你就知道接下来一共要做几件事，以及大概需要多长时间了。

注意：使用便利贴是为了视觉上更加清楚，便于整理和分类。可以用彩笔书写，以增加趣味性。如果没有以上工具，可以直接在一张纸上记录、分类。

只是做完这一步，小宇就有了很多发现。虽然英语老师和语文老师都多布置了一项作业，但计算时间的时候，他发现相较以前一共只增加了25分钟。数学老师多布置了一项给家长讲题的作业，但并没有数量要求，所以小宇看情况自己安排就好了。

所以，小宇那天的作业量看上去确实比平时多了一些，但完成时间仍在他可以控制和接受的范围之内。当一切都很清晰地呈现在眼前的时候，他一下子就笑了，觉得自己白白生了一场气，回想起来觉得很好笑。

当然，也有一种可能是，我们把要做的事情都列出来后，发现确实多得做不完。即便如此，上述方法也会帮到我们，因为清晰的另外一个好处就是可以让我们根据实际情况做取舍。必要的时候，我们可以直接与家长或老师沟通，寻求解决办法，毕竟我们有据可依。

总之，这对于大家统筹安排自己的作业或要做的事情很有用，对于规划时间也非常有效。记住，清晰是一种力量。

“大妖怪”“小妖怪”，一个个消灭掉

清晰只是第一步，事情还是得去做。如何更高效、更快乐地完成任务呢？可以将罗列出来的事情根据完成时间进行简单分类。

为了增加成就感，让做作业变得更有意思，你可以把用时短的事情标记为“小妖怪”，把用时长的标记为“大妖怪”。可以先打“小妖怪”，打掉一个划掉一个，把最难的留到最后。小宇把写作文留到了最后，因为他觉得写作文要构思，还要写框架，如果一开始就写作文，不仅耗费时间、精力，一旦写不好还可能

影响心情。

事实证明，这个排序非常有效，他越写越有劲儿，用很短的时间就打掉了很多“小妖怪”。这让他很兴奋，“通关”后感觉非常开心。

记住，每做完一项作业，你都可以用自己喜欢的方式把它从你的单子上划掉，怎么过瘾怎么划。有没有一种打怪升级的快感？然后马上鼓励和肯定自己，比如，“我怎么这么厉害！”“我可真是效率达人！”“我可真棒！”“给自己点100个赞！”等等。及时、正面的反馈会让你越做越开心，越做越有动力！

第二，专注当下会让你拥有更多时间

在提到“作业太多，我把课余时间都用上了，有时候还写不完。周末，我有兴趣班要上，一点休息和娱乐的时间都没有”的时候，斌斌还提到“我总是感觉很烦躁、很无奈。我无法很好地集中注意力干任何事”，你是否也有这样的情况？

我身边大量的家长和孩子都向我反馈过类似的问题。有时候并不是事情多得做不完，而是很多孩子无法专注地投入一件事，导致大量时间被浪费。也即，效率低影响了进度。

专注当下可以很好地解决这个问题。当下指的就是此时此刻，不是刚才，也不是接下来，而是现在这个时刻。如果能做到专注当下，你会变得平静和坦然，做事情的效率会大幅提升。

以下两个小方法也许可以让你的专注力越来越强！

闭上眼睛，专注呼吸

准备全身心投入接下来的学习时，或发现自己有些烦躁和凌乱时，可以闭上眼睛，然后慢慢通过专注呼吸让自己专注当下。

完全放空自己，或者只关注自己正在慢慢地吸气和呼气（用鼻子呼吸）这件事，你会越来越平静、放松。

这个过程因人而异，大概需要 3 ~ 5 分钟。

这个练习可以反复做。随着练习的深入，你的状态会越来越好。状态好了，做事效率自然会提高，时间也就节省出来了。

科学使用番茄钟

如何在一段时间内只专注于一件事呢？科学使用番茄钟会让你更加轻松地做到这一点。先根据你的身体情况或者完成某项任务需要的时长设置时间，比如 15 分钟、25 分钟等。在真正开始前，把准备工作做好，比如喝水、上厕所、准备好需要的工具等。开始后，只专注于目标事件，直到设定的时间结束。

之后，起身活动一下身体，放松一下眼睛。如果有多项任务需要完成，任务之间的休息时间可以设置为 5 ～ 10 分钟。这样可让你有条不紊地高效完成所有任务。一定时间内能完成的事情多了，你会感觉到自己拥有的时间也变多了。

第三，统筹安排会让你拥有更多时间

简单来讲，所谓统筹安排就是合理安排你要做的所有事情。

小宇就是懂得统筹安排时间的小达人。每逢假期，他都会做详细的计划表，清晰地标记每天要做的事情和具体的时间节点。小宇的计划书不仅有写各科作业、阅读、学习新知识、复习旧知识、运动等常规安排，还包含休息、听音乐、做家务、亲子互动、和朋友打游戏等安排。

这里要提醒一下，大家可以和父母一起制作假期计划表，计划表上不仅要有你“应该做的事”，还可以有你“喜欢和想做的事”。计划书越详尽，越不会成为形式和摆设！

小宇往往会在时间计划表上对某些事情进行灵活安排。这样，他可以在有限的时间内轻松地完成更多的事情。

比如，每写25分钟作业，他都会休息10分钟。在这10分钟里，他会安排一些简单的运动，如跳跃摸高（提前在房间里设置好摸高标记）、投掷乒乓球（自己用抽纸盒和乒乓球设计的简易运动）、听自己喜欢的音乐等。这样不仅可以让身体在静态的专注活动后得到运动，得以放松，还可以让他完成他设定的运动、听音乐等小目标。还有，他会在洗澡或者做家务的时候播放他最喜欢的音乐或有声书，他会在亲子互动的时间里安排他喜欢的娱乐项目或者共读书目，他会在一家人一起散步的时候安排主题聊天（讨论他的问题和解决方案)，等等。

其实，零碎的时间也是宝藏。发掘并利用好零碎的时间，可让你拥有更多时间。

小宇有一个迷你口袋本，上面满是英语重点句子以及需要掌握的单词和语法。在日常的零碎时间里，他都会拿出来背诵。另外，在睡觉前的 10 ~ 15 分钟，他会把需要背诵的内容安排上。这样做的好处是，当我们入睡之后，大脑里的海马体会继续帮助我们记忆这些内容。这样不仅利用好了零碎时间，而且大幅提升了学习效率，快试试看吧！

以上的很多安排都是科学的统筹和融合，可以让我们以最高的效率和最好的状态完成相关任务。大家可以试试看。

需要提醒的是，需要我们高度专注的有一定难度的事情，我们一定要预留足够的时间。休息、放松、娱乐等相关的事情，可以灵活安排。

第四，必要的时候，学会断舍离

如果你按照以上方法进行调整后，发现要做的事情还是无法完成，而且在整个过程中你总是感觉压力很大，那么你需要审视一下你的各种安排是否合理。

做事没有计划或者计划不合理，可能导致什么也做不好，还会影响我们的状态和情绪，让我们对自己产生否定和不满。所以，做任何事都要事先安排好，而且要阶段性进行复盘，总结经验和教训，并及时调整。

有时，很多事情你并不想做，而是爸爸妈妈或者老师安排给你的。比如，现在很多孩子平时除了上课还要完成各种各样的作业，周末要参加各种兴趣班，所以有时候他们只求完成，不求结果。其实，这是任何人都不想看到的。比起做了多少件事情，我们更想要的是收获和成长。

有时候“少即多”，必要的时候要学会断舍离。

你可以把自己的真实想法告诉爸爸妈妈或者老师，真诚表达自己的感受，他们一定会尊重并认真考虑你的想法和感受。

第五，可以在美好的事情上“浪费时间”

真的可以这样吗？这是很多孩子会感到困扰和疑惑的话题。很多孩子觉得自己的生活里只有学习。是啊！学习，学习，学习内容虽不同，但核心都一样。在很多父母眼里，仿佛只有学习才是正事，做其他事情都是在浪费时间。

实际上，成长应该是形式多样、丰富多彩的。我们完全可以把时间花在我们喜欢和热爱的事情上，花在对新事物的体验和探索上，花在放松、休息和娱乐上，甚至花在发呆和做梦上。在这些方面，我们是可以“浪费一些时间”的。

第六，及时反思和调整，犯过的错误不再犯

《论语》中写道："吾日三省吾身。"意思是说，每天都要反思自己的言行举止。这样，我们才可以及时发现问题、解决问题，保证犯过的错误不再犯。

在时间管理上也是如此，我们要及时查看时间管理的效果，根据实际情况及时调整，优化管理策略，以便更高效、更有意义地学习和生活。

无论如何，在做任何事的过程中，只要你是幸福、快乐的，你有发现、感悟、收获和成长，那你就不是在浪费时间，而是在感受生活，能发现更多人生的美好和可能性。所以，不必否定自己，更不要内疚和自责。如果遇到困难，那就通过真诚的沟通去解决。

还要提醒大家的是，做任何事情都要把握好度，不懈怠，不沉迷，做好规划和安排，及时总结和调整，珍惜和利用好时间，这样我们才能更自由、更自主、更全面地管理好时间。

第6章

我对电子产品上瘾怎么办——管理电子产品

屏幕之外，有更广阔的天空等待你去探索。

亲爱的孩子，你平时除了上学一般还会做些什么呢？你留意过自己的时间都花在哪里了吗？我身边的一些小学生和中学生会花很多时间在各种电子产品（如手机、平板电脑、游戏机等）上，周一至周五放学后每天可能会花 1 ～ 2 小时使用电子产品，周末及假期每天可能会花 3 ～ 5 小时甚至更多时间在电子产品上。不知不觉间，电子产品已经成为他们生活中非常重要的一部分。实际上，成人每天在电子产品上花的时间更多。

那么，电子产品为什么会如此强势地侵入我们的生活呢？

这可能是因为电子产品背后的网络世界很有趣、很有用、很有料。

一、网络世界很有趣

我们可以在电子产品里找到非常多的乐趣，比如好玩的游戏、精彩的视频等。

游戏对于很多人而言都是难以抗拒的。从某种程度而言，游戏的设计和开发就是为了让玩家上瘾，背后更是有大数据做支撑，所以我们会觉得游戏非常好玩。而且在网络虚拟世界里，我们可以结识天南海北的朋友。

二、网络世界很有用

网络时代，一台电子产品几乎可以满足我们日常的所有需求。比如，我们可以通过手机查找各种信息、买东西、工作、社交、学习等。我们的日常需求通过一部手机几乎都可以得到满足。电子产品的影响力越来越大，这也导致我们越来越离不开电子产品。

三、网络世界很有料

电子产品、网络世界里什么都有（很有料），很多孩子从小是被电子产品“养”大的，是在网络虚拟世界里长大的。很多家长因工作忙没有时间看管孩子的时候，因身体太累而不想照看孩子的时候，不知道带孩子干什么的时候，就会直接把手机拿给孩子玩。就这样，电子产品慢慢成了我们的“好朋友”，成了我们生活中不可或缺的一部分。

在现实生活中，很多孩子觉得学习压力大、生活没有意义、自己很普通等，很不自信，没有成就感、价值感，但他们在网络虚拟世界里可以不断升级打怪、纵横驰骋，不亦乐乎。尤其是在玩游戏的时候，他们的每一个行动都会得到及时反馈，这让他们觉得很有成就感，很有价值感，很快乐，所以他们更愿意沉浸在电子产品提供的“美好”世界里。

现在，你应该明白自己为什么会被电子产品吸引了。接下来，我们来看看如何合理使用电子产品，而不是被它控制，对它上瘾。

第一，不能在电子产品上浪费太多时间

几乎所有使用手机的人都发出过这样的感慨：“天哪，我怎么又看了这么久手机！时间过得真快。”大数据非常强大，它会根据每个人的浏览记录，不断推送相关的内容。

这让我们在玩电子产品时根本停不下来。除非有非常强大的意志力和自控能力，否则我们只会被大数据牵着鼻子走。

我们要让电子产品成为我们学习知识的工具，而非时间的黑洞。可以从以下 3 点做起。

1. 提前规划时间，避免漫无目的地玩电子产品。我们要学会规划时间，至少对每天必须完成的事有一个明确的规划。这样更有可能让我们避免漫无目的地玩电子产品。

2. 只允许自己在一定时间内适当地玩电子产品。比如，玩手机之前定好闹钟（最好是倒计时），时间一到，必须停下来。如果初期无法适应，可以再设置 5 分钟收尾时间。

3. 请别人监督。我们玩手机的习惯是强大且十分顽固的，我们很容易妥协。请别人监督也许是个不错的方法。

可以告诉爸爸妈妈或者你信任的人你的想法和安排，并坦然告知对方你的需求，请他们监督或提醒你。

还可以和有同样问题和需求的小伙伴组队，互相监督，互相提醒。

第二，别让电子产品影响你的身体健康

长期使用电子产品会带来很多健康问题。眼睛和大脑是最直接的受害者。视力下降、注意力难以集中、大脑反应迟钝等是我们能明显感觉到的。

因为沉迷电子产品而熬夜带来的睡眠问题，甚至可能引发情绪和心理问题。

因此，一定要适度使用电子产品，别让电子产品影响你的身体健康。

使用电子产品时，一定要让眼睛得到足够的休息，比如使用一定时间后，要闭眼休息、做眼保健操、眺望远方等。

经常使用电子产品的话，要常做集中注意力的刻意练习。

同时，一定不要熬夜玩电子产品。

第三，别让电子产品影响你的社会交往

过度沉迷电子产品容易让我们忽略身边真实的世界和关系。请回忆一下，你和家人、朋友、老师、同学等在网上的沟通是不是越来越多，在现实中见面的次数是不是越来越少？

其实，这不难理解。随着年龄的增长，你的课余时间越来越有限，你花在虚拟世界的时间越来越多，花在现实世界的时间自然越来越少。这对于实际生活中的社交关系必然会产生影响。

要试着走出虚拟世界，在现实世界与人面对面交流，观察对方的表情、肢体动作和情绪，感受真实的情感。真实的沟通，实际的社交，不仅有助于维护我们的各种社交关系，更重要的是可以提升我们的社会能力，有助于我们远期的社会交往。关于这方面的内容，大家可以看一下我的另一本著作《青少年社交高手：做一个会说话懂交际情商高的孩子》。

第四，别让电子产品影响你的学习

电子产品让学习的路径和形式变得更加丰富多样。如此，好处是我们想要什么样的信息几乎唾手可得，坏处是我们可能很难静下心来思考、研究和创作。在家上网搜索一下，你就可以得到想要的结果，那么你还会认真学习、勇于实践吗？足不出户，你就可以了解世界动态，那么你还会走出去用眼睛和心灵感受周围的一切吗？

基于电子产品的学习也很挑战你的专注力，你查找信息时看到的好友信息、热搜新闻、网页推荐等都可能让你成为大数据的“手下败将”。

学习的方式有很多种，但无论如何一定要沉下心来思考和探索，一定要相信自己是充满智慧的。遇到问题时，可以向电子产品求助，但不能直接问它要答案。养成这个好习惯，你会终身受益。

第五，别让电子产品影响你的人身安全

随着互联网的发展和电子产品的普及，电子产品的使用者越来越呈现低龄化趋势。

相关调查显示，70.4% 的学龄前儿童已经开始接触并主动使用手机、平板电脑等移动终端。在这超七成使用各种移动终端的学龄前儿童中，34.53% 的孩子早在 3 周岁时就开始接触移动终端。对于平板电脑、手机等移动终端，孩子玩得早、放不下，这已成为许多家庭共同的烦恼。

这个问题在青少年身上表现得更为明显。随着年龄的增长，青少年使用电子产品的频率逐渐增加，由此青少年受不良网络平台或者不良信息影响的可能性越来越大。一般来说，不良信息主要包括色情、暴力等不健康信息。

我的建议是：

1. 当你不确定你所看到的信息是不是不良信息时，有一个简单的方式可以帮你确定，那就是你是否愿意和家长分享或探讨这些信息。如果你不愿意，那么这些信息大概率是有问题的，请停止查看。

2. 直接向你信赖的成年人求助，避免自己受到不良影响，甚至遭遇安全风险。

科学管理电子产品是一件非常有挑战性的事情。如果可以做到，你就能保持生活与学习的平衡与和谐，这也会让你终身受益！当然，你需要时间去尝试和坚持。总之，要让电子产品服务于你，而不是控制你。

最后我想说，当你可以帮助别人成功的时候，你会获得更大的成功。所以，请试着去帮助你身边的某个人管理好电子产品的使用，这样你也许可以更容易做成这件事！

希望你成为电子产品的主人，也希望你可以帮助更多的小伙伴成为电子产品的主人，加油！

第 7 章

我总是找不到自己的兴趣爱好怎么办——管理兴趣爱好

青少年当下学到多少知识并不是最重要的，兴趣爱好的培养也许才是决定终身事业的关键。

你肯定听说过这样一句话：“兴趣是最好的老师。”拥有兴趣爱好的人，才有学习的内在动机。由此，学习的主动性和自主性会很强，学习过程更加容易，学习效率也更高。

你的兴趣和爱好是什么呢？你觉得兴趣爱好重要吗？如何才能管理好自己的兴趣爱好呢？兴趣爱好会为你的人生带来什么样的影响呢？只是看到这些问题，我就能感觉到能量满满，你有没有同感呢？让我们一起来探讨一下这些令人兴奋的话题吧！

兴趣通常指我们对某种事物感到好奇、喜欢，而爱好是进一步发展的兴趣，是指我们对某种事物更加稳定和长久的喜欢。

一般来讲，有了某种兴趣，我们可能会付诸行动，投入大量的时间和精力，使其成为我们的爱好。如果能通过努力和坚持把兴趣变成爱好，你会收获一个不一样的自己。

青少年在成长过程中会慢慢发展自己的个性，形成自己的身份认同，知道自己想做什么、能做什么、擅长做什么、热爱做什么，从而树立人生理想和追求。兴趣爱好在这个过程中起着至关重要的作用。

兴趣爱好通常涉及很多领域，比如体育、艺术等，有助于青少年德智体美劳全面发展，成长为复合型人才。

兴趣爱好可以激发我们的潜能。在不断的探索和学习中，我们的想象力、创造力、解决问题的能力等都会得到锻炼。不断取得进步和成就的过程则可以大大增加我们的自信、成就感和价值感。

兴趣爱好可以助力社交关系的发展，让我们交到志同道合的朋友。在这个过程中，我们的沟通能力、团队协作能力等都会得到很大的提升。

发展兴趣爱好可以磨炼我们的意志，增强内心力量。在不断探索和坚持学习的过程中，我们需要克服困难和解决各种问题，戒骄戒躁，踏实进取。这些都会对青少年的性格塑造产生积极影响。

投身于兴趣爱好的发展会让人心情愉悦。感受生活的乐趣和精彩，有助于青少年更加积极地面对生活和学习，学会调节压力，养成积极乐观的心态。

兴趣爱好的探索还会帮助你找到奋斗的方向。坚持自己的兴趣爱好，不断提升相关专业技能，尝试各种可能，我们会做得越来越好，会有目标、有动力、有期待！

如果你做到了这一点，恭喜你！你可能已经找到自己的理想和热爱了！

如果你找到了自己的兴趣爱好，恭喜你！好好享受和努力坚持吧！如果你还没有找到自己的兴趣爱好，不用着急，因为寻找兴趣爱好这个探索和体验的过程本身也是非常重要且有意义的。如何找到并管理自己的兴趣爱好？下面，我给大家支些招！

第一，多多发现和体验自己喜欢做的事

想一想，在日常生活中，哪些事你特别喜欢做呢？而且做这些事时，你会花很多时间、很多精力，会很开心、很快乐。这些事也许就是你的兴趣所在。

明明特别喜欢在足球场上带球奔驰的感觉，小芳特别喜欢穿上舞蹈鞋和好看的小裙子跳芭蕾舞，小婕沉浸在钢琴世界中的时候觉得整个世界都是美好的，文文看书的时候甚至会忘记吃喝，轩轩所有的课余时间都用来做手工……类似的情况你肯定也有。因为喜欢，所以投入，你喜欢做的事情很有可能就是你的兴趣爱好。

你可以把自己喜欢做的事情罗列一下，并想想自己为什么喜欢、做这些事情的时候有什么感受等。然后，可以不断去尝试，去体验，去总结，去给这些事情排序，排名靠前的可能就是你真正的兴趣爱好。

第二，分析总结你的兴趣爱好

你的兴趣爱好可能有一个，也可能有多个。你可以分析一下它们是否都对你有积极、正面的影响。在这个过程中，不要着急，发现自己真正的兴趣爱好肯定是需要时间的。你可以想象一下，如果能把自己喜欢的事做得非常好的话，你会是什么样子。真正的兴趣爱好会带给你幸福美好的期待，一想到它们你就会兴奋、开心。如此，你就可以更清晰地看到自己真正的兴趣爱好到底是什么了。

第三，发展兴趣爱好要平衡好时间和精力

我们先来看一下小伟的故事。

小伟从上小学开始就特别喜欢打篮球，只要有时间就会去打，常缠着妈妈给他买篮球鞋和各种装备，课余时间会花费很多精力研究如何能打得更好。他特别享受每次打球后的大汗淋漓，感觉特别开心和满足。

一直到初中，他都沉浸其中，投入了大量时间和精力，甚至常为了多打会儿球逃课。几乎所有的休息时间，他都在练习球技。

有一段时间，他在书包里装了砖头，他这样做是为了做负重练习，锻炼自己的身体。不难想象，他这样的行为严重影响了文化课学习。

初中毕业后，他没有考上高中。而且，过度和不当的练习让他的身体伤痕累累，他因此失去了成为职业球员的机会。

小伟深受打击，一蹶不振。

这个故事挺让人难过和遗憾的。假如小伟能够和爸爸妈妈好好沟通一下打篮球对于自己的意义，好好平衡一下打球和学习，并在爸爸妈妈的帮助下寻求专业教练的指导，假如小伟的爸爸妈妈了解青少年的成长特点，尊重孩子的兴趣爱好，能耐心地陪伴孩子，结果是不是会不同呢？

读了小伟的故事，你有哪些想法和感悟呢？培养兴趣爱好是一件很棒、很有意义的事情，但我们成长过程中还有很多重要的事情必须去完成，比如好好学习以争取更好的发展机会、好好锻炼身体以健康地学习和生活等。

平衡好学业和兴趣爱好确实很重要。慢慢来也许更快，欲速则不达。希望小伟这样的事情不要再发生。愿所有人都能用科学的方法为自己的兴趣爱好保驾护航，收获满满。

第四，付出不亚于任何人的努力

这是著名企业家稻盛和夫的一句名言。没有人可以随随便便成功，所以一旦确定了自己的兴趣爱好，请一定给自己设定清晰的目标和计划，并全力以赴去实践。这个过程可能十分艰辛，可能充满挑战和各种问题。你可能会为此流汗流泪，也可能不断经历失败，但请你相信，一切努力都值得。

第五，从榜样或偶像身上寻找灵感和动力

如果经过各种探索，你还是找不到自己喜欢做的

事，不妨从榜样和偶像身上找一找灵感，看看他们喜欢的你是不是也喜欢，看看他们的兴趣爱好你是不是也感兴趣。

当然，多读一些名人传记也是不错的选择。哪怕只是在心里种下一颗希望的种子，也是可以的！让它慢慢生长、慢慢开花，结果也许就在不久的将来。

不要着急，一点一点行动起来，然后静待花开吧！

知心小贴士

关于青少年的兴趣和爱好，我曾收到过一些青少年朋友的问题，我都一一做了回复。

以下分享5个问题及我的回复。

问题一：

我现在每个周末都在学习小提琴。妈妈想让我学，可是我并不喜欢，我想学画画。我该怎么办？

我的回复：

你有没有尝试和妈妈约个时间好好沟通一下这件事呢？我指的是，你比较正式地认真表达自己的想法。这样才能引起妈妈的重视，否则妈妈可能只会觉得你就是随口说说，因此不会太在意。

有时候，父母也不是非要强迫你做某件事，可能只是想给你一个体验的机会，不想你因为没有尝试而放弃。所以，认真地和妈妈沟通一下，真诚表达自己的想法和自己喜欢做的事，把自己画的画分享给妈妈，并和她分享自己画画时的感受和关于画画的计划和想法，也可以具体表达自己在做不太喜欢的事时的烦恼和遇到的问题，也许妈妈就能真正理解你了。

良好的态度和表达很重要，注意避免抱怨、不耐烦、吵架等。如果沟通不顺利的话，不妨求助爸爸或家里其他的大人。多试几次，不要轻易放弃，问题一定可以解决。

问题二：

我原来很喜欢轮滑，觉得滑轮滑挺酷的，但学了一段时间我发现自己不太喜欢了。我是不是不够踏实，我还要继续学吗？

我的回复：

确定自己的兴趣爱好本身就是一个从想法到实践的探索过程。你一开始的喜欢肯定是有原因的，在后来的尝试过程中，你的想法发生了变化，肯定也是有原因的。你可以好好思考和复盘一下其中的原因。

如果确定自己不喜欢轮滑了，可以去探索其他喜欢的事情，不要对自己有过多的负面评价和责备。请务必把注意力更多地放在自己的收获和心得上，吸取经验和教训，继续探索和发现自己真正的兴趣爱好，但是在尝试的过程中一定要全力以赴，避免浪费时间！

问题三：

我很喜欢跳街舞，但很多人都说跳街舞是不务正业，会耽误学习。我很困惑，我还要继续吗？

我的回复：

首先，你要总结一下你为什么喜欢跳街舞，以及跳街舞过程中的感受和收获。当然，你更要正确面对问题和挑战。比如，因为练习跳舞而耽误了学习，你有没有解决办法？这是可以让自己更好地坚持和发展兴趣爱好的关键。

其次，问问自己，为什么别人的话会困扰你？是因为他们说得对，还是因为他们和你的观点不同？如果你换了一个兴趣爱好，他们还有同样的评价，那你还会有类似的困扰吗？回答完这些问题，你就知道要不要继续了。

实际上，无论你做什么，怎么做，有什么样的结果，都无法避免别人的评价。很多时候，别人的评价和你本人并没有任何关系。如果你觉得别人说得有道理，对你有一些提醒的作用，可以借鉴以让自己做得更好。如果你只是困扰于别人和你的观点不一样，那就是自寻烦恼。

问题四：

我坚持学习国际象棋很长时间了，但并没

有取得什么成果，我觉得自己在浪费时间。我还要继续坚持吗？

我的回复：

你要好好思考一下，你想要的成果到底是什么？你为什么感觉自己在浪费时间？在下棋的过程中你的感受是怎样的？你坚持练习下棋是出于喜欢还是有其他目的？搞清楚这些问题很重要。

如果你是出于喜欢选择下棋，那么无论有没有所谓的成果，请好好享受下棋的过程带给你的乐趣。罗素说过："你能在浪费时间中获得乐趣，那你就不是在浪费时间。"如果你是出于想要取得什么样的成绩或者证明什么而练习下棋，那么你若发现自己真的不擅长或者不适合做这件事，可以调整。

总之，你只要能好好明确一下自己真正的想法和需求，就知道该怎么做了。

问题五：

我喜欢做的事情有很多，怎么才能找到自己真正的兴趣爱好呢？

我的回复：

参照前面我介绍的“如何管理自己的兴趣爱好”里的内容，你应该可以筛选出自己真正的兴趣爱好。如果你喜欢做的事情确实很多，那就平衡好自己的时间和精力，看看自己是否可以兼顾，是否能游刃有余地做好安排。如果发现自己很吃力，那就按照顺序重点培养，让时间来帮你确定真正的兴趣爱好吧。

孩子，拥有让自己怦然心动、满心欢喜的兴趣爱好，不是为了取悦别人，也不是为了打发时间，而是为生活增添一份乐趣，让自己的人生更加丰富和精彩。

祝愿你尽早找到并管理好自己的兴趣爱好，也希望你能从中找到未来努力和奋斗的方向，活出自己喜欢的样子！

第 8 章

我常被家长埋怨缺乏安全意识怎么办——管理人身安全

青少年的人身安全是头等大事。

孩子，看到“人身安全”这几个字的时候，你会想到什么呢？人身安全是一个内涵十分广泛的词语，涉及身体健康、心理健康、生命安全等。下面，我从 3 个方面谈谈青少年应该如何管理人身安全。

第一，学会管理身体健康

从小到大，你也许每天都会听到爸爸妈妈叮嘱你要注意身体健康，身体是一切的本钱。是的！健康是你获得一切的前提，如果身体出现问题，你所拥有或想要追求的一切也就没有意义了。那么，青少年在管理身体健康方面需要做些什么呢？

保持良好的睡眠习惯

睡好觉对青少年来讲有多重要呢？可以说，充足的睡眠是青少年大脑发育和身心健康发展的基础，也是好好学习、好好生活的关键。

好好睡觉如此重要，但我们身边能做到这一点的人并不多。睡觉这件事很容易被大家忽视。尤其在当下，有人熬夜学习，有人熬夜打游戏，有人熬夜玩手机……似乎很多事都比睡觉重要。然而，长期睡眠不足会让我们做什么事情都没有精神，什么事情都做不好。这种情况随着年龄的增长会越来越明显。

现在你每天晚上几点休息？你通常能睡几个小时呢？根据相关科学研究，小学阶段的孩子每天要保持 9 ~ 11 小时睡眠，中学阶段的孩子每天要保持 8 ~ 10 小时睡眠。千万不要牺牲睡觉时间去做别的事情，否则，长远来看，这样做是有害无益的。

保持健康的饮食习惯

由于身体在快速发育的过程中，所以青少年一定要注意健康饮食。我相信，你的爸爸妈妈会经常提醒你食物搭配要合理、营养要均衡。关于饮食，我在这里想和大家讨论 3 点。

1. 吃什么？

你最喜欢吃什么？请列出前三名。我的答案是火锅、烧烤和麻辣烫。有没有和我一样的？应该有不少吧！我估计答案还有炸鸡、汉堡、蛋糕、各种零食等。

我是个地道的吃货。曾经还是学生的我随心所欲，想吃就吃。这样做的结果是体重超标、身材走形、身体抵抗力弱、容易生病等。

我身边很多孩子目前就有这样的情况，而且很多是幼儿段和小学段的孩子。这必须引起大家的重视。

其实，我们有自己喜欢的食物，这很正常。但是，我们需要注意食物搭配和进食量。比如，吃火锅的时候，我们要适当控油，多吃蔬菜，适量吃肉，少吃含有添加剂的预制食物。总之，要注意饮食搭配，享受美食的同时要保证身体健康。

另外，要多吃天然食物，少吃加工食物。不确定的时候可以看看配料表，配料表越简单越好。比如，配料表里只有生牛乳的纯牛奶可以选择，配料表里有白砂糖以及其他添加物的牛奶尽量不选。配料表里有很多添加剂的食品要少吃或者最好不吃，因为这类食物往往是高糖、高脂食物，比如油炸食品、膨化食品等。学会看配料表对选择健康的食品非常有帮助。有些青少年喜欢各种饮料，甚至都不喝水，每天大量饮用各种饮料。殊不知，这是非常不健康的做法。

的确，有些食品确实美味，我们吃的时候很开心，但长期食用很容易导致身体肥胖、免疫力下降等，严重影响身体健康。

务必记住，你吃什么样的食物决定了你会拥有什么样的身体。想想你未来想成为的样子吧，想想你未来想做的事情吧，这样你在管不住嘴的时候可能会有很多动力。未来并不遥远，它和今后的每一天息息相关。

2. 什么时候吃？

亮亮长期不吃早餐，中午和晚上会吃很多，甚至常吃夜宵。很快，亮亮出现了血糖不稳定、肥胖、消化不良等情况。目前，爸爸妈妈正在调整他的饮食习惯，不再让他完全根据个人喜好进食。

处于青春期的芳芳觉得自己有点胖、不好看，特别想快点瘦下来。于是，住校期间，她每日每餐都只吃一点点，长期处于饥饿状态，但偶尔坚持不住的时候又会暴饮暴食。谁知，几个月下来，她不但没瘦，反而胖了几斤。因此，她十分焦虑。

以上案例中主人公的饮食方式绝对不推荐，均会影响生长发育、学习、心理健康。

另外，爱美之心人皆有之，均衡饮食加上适量的运动才能保持健美的身材。通过过度节食来减肥，有害无益。

总之，每天吃好早、中、晚三餐，同时做到营养均衡，才是身体健康的保证。

3. 怎么吃？

你有多久没有细嚼慢咽地、专注地吃饭了？通过大量观察，我发现现在很多人吃饭时不是玩手机，就是看电视，很少专注地吃饭。专注地吃饭就是吃饭的时候只吃饭，不做其他事情。细嚼慢咽享受美味的食物，不仅可促进营养吸收，也有助于避免消化不良的情况，还可以避免进食过多。

实际上，吃饭不仅仅是为了填饱肚子，也是为了享受食物带给我们的能量和愉悦感。所以，请试着专注地吃饭，留意一下自己的感受，与食物建立和谐健康的关系吧！

好好爱护身体

随着年龄的增长，你会发现自己的身体开始发生一系列明显的变化。从10岁左右开始，很多孩子身体开始快速发育。男孩会出现声音变粗、喉结增大、睾丸增大、阴茎增大、长出阴毛和胡须等情况。女孩会出现月经初潮，乳房也会慢慢发育。这个时候你可能会非常在意自己的身体变化，甚至可能不喜欢、不满意自己的身材、长相等，比如觉得自己胖、长得丑等，这是正常的。这是因为你的大脑还没有发育成熟，会对自己有不太客观的评判。

无论如何，一定要全力爱护自己的身体，更要悦纳自己的身体。

一定要注意锻炼身体，学校的体育课不要落下，还要为自己选择一项体育运动。你现在正处于身体快速发育的时候，保持良好的运动习惯会让你更强壮。你可以给自己设定一些小的锻炼目标。

如果你对于自己的身体有特别的疑问、困扰，或者有不舒服，一定要及时求助家人或者你信任的成年人。在你看来一些所谓的身体上的“问题”可能会让你产生自卑或困惑，所以有任何想法一定要及时表达出来。

小宇 13 岁的时候，脸上长了很多青春痘，尤其是额头。所以，那段时间，他一直用厚厚的刘海儿盖住额头，不让别人看，他自己也不看。结果，青春痘的情况越来越严重，甚至可能发生感染。他因此很烦躁，甚至十分厌恶自己。

后来，我们在家庭会议上沟通了这件事，

并且和他一起去医院就诊，弄清楚了青春痘形成的原因，以及应对办法和注意事项。经过一段时间的调整，小宇的额头慢慢恢复了平整和光滑，他也恢复了往日的自信和阳光。

总之，身体的变化可能会带来各种困扰。一定要学会调整心态，试着了解和接纳这些变化，爱护和照顾好自己的身体，这样你才能有更好的状态去学习和生活。遇到解决不了的问题，一定要及时求助爸爸妈妈或你信任的成年人，千万不要觉得不好意思，没有问题是解决不了的。

第二，注意自己的心理健康

心理健康，顾名思义，就是心理层面的健康。心理健康是一个动态平衡的过程。心理健康出现问题时，

可能导致情绪低落、行为异常、社交困难、自我价值感低下等症状。

青少年的心理健康是一个比较复杂的问题，如今广受关注。那么，如何判断自己是否有心理健康问题呢？可以从以下几个方面自检一下。

1. 经常莫名其妙地很沮丧、很消极，或者很想哭。

2. 经常晚上睡不着觉。

3. 特别容易发脾气、着急，控制不了自己。

4. 经常无法集中注意力，总是心不在焉。

5. 对任何人或事都提不起兴趣。

6. 经常怀疑或否定自己，觉得自己什么都不行、很差劲。

7. 经常感觉身体不舒服，但到医院又检查不出什么具体问题。

8. 饮食习惯发生变化，体重突然增长或者减少很多。

9. 非常敏感，对别人说的话特别在意。

10. 觉得活着没什么意义，甚至有轻生的念头或者尝试自杀。

如果你有以上情况，且持续了至少 2 周，那么你的心理很有可能出现了健康问题，请一定及时向父母或者你信任的成年人求助。

身体有时会生病，心理也会，这是很正常的情况，所以不用过分担心。需要重视的是，身体上的病很容易被看到、被治愈，而心理健康问题很容易被忽视，从而导致更严重的问题。在这里，我有 3 个有助于心理健康的小建议分享给大家。

学会和自己相处

你关注过自己的心理健康吗？你有和自己独处的时间吗？我和很多青少年讨论过这个问题。我得到的答案是，大部分孩子没有注意过自己的心理健康，而且由于每天忙于上学，课余时间还要补课，所以基本没有和自己独处的时间，也不太清楚和自己独处意味着什么。

据我观察，现在的很多青少年每天都很忙碌，一大早就要去学校，晚上到家还要写作业。别说休息时间了，每天洗漱和吃饭的时间都被压缩得很短，所以很多孩子几乎没有自己支配的时间。

我曾在一所民办学校工作过一年多的时间，学校的孩子每天基本没有自己能支配的时间。所以，有一段时间，我每天在晚自习时带孩子回顾即将过去的一天或一周，检视自己的行为，我们称之为“幸福复盘”。

我带他们回顾自己积极、自信、美好的言行举止，引导他们思考自己的进步和需要调整的地方。

开始的时候，他们很难安静下来回顾，会忍不住笑场，或者根本无法投入。

我们坚持了一段时间之后，我发现他们开始享受这个活动，他们甚至十分期待我们的“幸福复盘”，因为他们每天都迫不及待地想分享自己的进步和反思需要调整的部分。

我的儿子小宇正在读初二，每天早上 7 点到晚上 9 点整整 14 小时，他都在忙自己的学习。在这紧张忙碌的时间里，他的放松方式就是随时随地闭上眼睛，放空自己，静静地和自己相处，什么都不想，什么都不做。就这样静静地待 5 ～ 10 分钟，他就能感觉到难得的放松和平静。

俗话说“静生定，定生慧”，也就是说，内心平静才能让心稳定和专注，从而产生智慧。由此，我们的理解力、判断力和创造力才会得到显著提升，我们也才能更好地应对生活中的各种挑战。更重要的是，这有助于我们的心理健康。

用沟通或记录给心理压力一个出口

我们可以通过运动促进身体健康，那如何促进心理健康呢？沟通和记录这两种方式效果很不错。我曾带我的学生写情绪日记，他们会通过各种方式记录自己的想法和心理变化。

心心在一次记录中写道：“我今天的心情是蓝色的。我最好的朋友今天一整天都在和另一个同学玩，完全不理我，因此我一整天都感觉很难过。放学前老师表扬我写字有进步，我的心情才好了一点。”

坤坤在一次记录中写道：“今天我心里住了一只伤心的小狗，它很可怜。我真希望我的爸爸妈妈不要再吵架了，真希望他们能一起陪我玩。”

楠楠在一次记录中写道：“虽然我这次考试没考好，但班主任说我很优秀。只要好好努力，我下次一定可以取得好成绩。我觉得自己很有力量，我很开心！她相信我可以，我也觉得我可以！”

在写出来的那一刻，我们可以得到很大的放松和释放，压力和负担会减轻很多。

把这些说出来也有同样的效果。有压力的时候，可以找一个你信任的人说说心里话，别把所有事都憋在心里。希望你在生活中可以找到这样一个人。

我和儿子每周都有固定的聊天时间，我们家也会定期举行家庭会议，我们会让孩子畅所欲言。你也可以提倡在家里定期举行家庭会议，或者主动向家长倾诉。这样的沟通很宝贵，也很有意义。

我的《青少年社交高手：做一个会说话懂交际情商高的孩子》一书出版后，我收到了很多青少年读者的反馈信息。他们和我分享了很多他们的困惑和不安，我也力所能及地给予了回复和帮助。

在未来的时间里，我还会坚持这样做，因为我深知一个孩子敞开心扉的表达对他来说有多重要。希望每一个孩子都能有这样的机会。

所以，亲爱的孩子，请每天抽出几分钟时间关注一下自己的心理健康。也许，只是一点关注和输出，就能在你的内心打开一扇通往健康的门。

积极面对，及时求助

每一件事情的背后都有积极的意义。无论经历了什么，你都可以尽量积极地去看待和处理，试着看到一件事情积极的一面就可以避免悲观和沮丧的情绪。

例如，考试考砸了能让你及时看到自己学习中存在的知识盲点和问题，运动时受伤能让你看到自己运动习惯的不当之处，老师或爸爸妈妈的批评背后有他们对你的爱和在乎，等等。

如果你凡事都可以这么去考虑，不过分自责和钻牛角尖，接纳自己，认可自己，你就会开心很多。

心理力量和身体力量一样，也是可以通过学习和练习不断增强的。像练身体肌肉一样，我们也可以练

“心理肌肉”，让自己更加强大。外界发生什么事，他人的言行举止，我们是无法控制的，所以不要总期待别人改变，或者想要改变别人。

改变外界是不现实的，大多数情况下，我们只能改变自己的反应和应对方式。正如我前面所讲，你可以通过阅读、正念冥想、沟通、记录等不断提升自己内心的力量，还可以通过锻炼身体和情绪管理，为自己筑起一道坚强的心理防线。这样你才不会因为别人的言行受到伤害。

最后，我再强调一下，对照上面我提到的自检内容，如果发现自己出现了心理问题且不知道怎么做的时候，一定要及时寻求专业的心理帮助。

第三，注意生命安全

生命对于我们每个人来讲都只有一次，所以我们应该珍视。其他任何东西的价值都无法超越生命。希望你从小就有这个意识，无论遇到什么困难和挑战，都不要拿生命安全去冒险。

学会应对校园欺凌

简单讲，校园欺凌是发生于校园内外的暴力行为。如何应对呢？不要向恶势力低头，一旦遭遇校园欺凌，要及时求助和解决问题。千万不要有任何顾虑，否则小问题有可能变成大问题。

近些年出现的很多校园欺凌事件都导致了非常严重的结果。有的青少年甚至因此付出了生命的代价，让人惋惜。这进一步提醒我们，在面对校园欺凌时，一定要及时寻求解决问题的办法和出路。

可以参照我在前面讲的内容，让自己强大起来，学会求助，尽可能避免恶性事件的发生。

在网络环境下，学会保护自己

当今是网络时代，每个人都离不开网络。然而，网络上的很多不良信息可能会影响青少年。比如，有的青少年在网上被骗了很多钱，有的青少年在网上受人蛊惑从事违法犯罪活动，有的青少年因沉迷网络或社交媒体而影响学习，有的青少年在无意识中受到很多不健康信息的影响……这些均应引起我们的重视。我在前面讲过应对网络不良信息的方式，大家可以参考。

现实生活中，还有很多青少年认为在虚拟的网络世界做什么都没人知道，也不用负责任，所以会发布不合适的言论，或者做一些不符合法律规范或道德规范的事。殊不知，这真可谓大错特错。许多青少年由此成了网络欺凌事件的受害者或施害者。比如，有的青少年在网络上散布谣言或发表侮辱他人的言论，侵犯别人的隐私，导致受害者受到极大的伤害，甚至产生轻生的倾向。网络并不是法外之地，所有网络用户都要为自己的言行承担法律责任。

大家还要注意，在网络世界，不要过多泄露自己的真实信息，如真实姓名、联系方式、身份证号码、家庭住址等，否则可能会被不法分子利用，给自己带来安全隐患。总之，大家一定要增强网络安全意识。

在公共场合，学会保护自己

公共安全意识也是青少年成长过程中必须注意的。在这里，我提醒以下几点。

1. 出门在外，要注意交通安全，比如按照红绿灯指示过马路、在路上行走时不看手机等。

2. 在公共场所，对于个人贵重物品，要看管好，防止遗失或被盗。

3. 不在外显露财富，避免招来不必要的安全隐患。

4. 注意食品安全，在外就餐时要注意选择卫生条件好的地方，不吃来源不明的食物，购买食物时一定要查看生产日期和保质期。

5. 在户外活动要注意安全，尽量不要一个人行动，避免去危险的地方。外出时，提前告诉家人你的活动计划和行程安排，遇到紧急情况要及时拨打紧急求助电话（如报警电话110、医疗急救电话120、火灾报警电话119等）或联系家人寻求帮助。

6. 在公共场合，不要轻易相信陌生人，更不要随便跟陌生人走。

第9章

我经常因为一些行为习惯挨批评怎么办——管理行为习惯

能否养成良好的行为习惯，决定着我们的明天和未来。

青少年的行为习惯指的是在日常生活中形成的一系列相对固定的自动化的行为方式。行为习惯涵盖生活的方方面面，对于我们的学习、社交、成长等均会产生深远的影响。青少年如何管理和优化行为习惯？我在这里给出以下 3 点建议。

第一，勿以善小而不为，勿以恶小而为之

这是一句十分著名的格言，出自三国时期刘备对儿子刘禅的遗训，简单来讲，意思就是“不要因为好

事微小就觉得不值得去做，也不要因为觉得坏事看似很小就去做”。每一件小事都可能导致一系列连锁反应，甚至造成巨大影响。

所以，一定要管理好自己的言行习惯，从积极做好点滴小事做起，警惕并避免任何不当行为。比如，在公共场所，要保持安静，注意卫生，离开时带走垃圾并摆放好自己用过的东西，进出门时留意一下身后的其他人；在学校，遵守课堂纪律，认真学习，尊敬老师，团结同学；等等。

如果我们尽力去做好每一件小事，就会拥有良好的行为习惯。对青少年而言，更是如此。如果对自己的行为持无所谓态度，肯定会影响身心健康成长。

对于自己的某些行为，如果你无法判断是好是坏，那你可以多观察一下你做出这些行为后他人的反应，也可以直接通过沟通了解对方的感受，还可以求助你信任的成年人。一旦确认自己的行为存在问题，或会造成不好的影响，请立即停止，并及时道歉和修正。

我还要提醒一下，在网络虚拟世界也是如此。千万不要觉得在网络世界就可以肆意妄为，任何不当言行都会受到道德的约束和法律的制裁。

第二，管好自己的行为，同时学会换位思考

每个人管理好自己的行为就是对社会的贡献，因为如果每个人都能管好自己，那么社会将会更祥和，所有人都会幸福。我写作本书的目的就是让你通过阅读和学习，实现良好的自我管理，最终收获美好人生。

实际上，管好自己的行为，还有一层意思，那就是要学会换位思考，在人际交往中能多从对方的角度思考一下对方的行为，而不是只考虑自己的利益。如此，你的行为会发生本质的变化。有时候，你的行为看上去是在付出，是在给予，实际上你将收获更多，尤其是会收获成长。

回想一下，你们班那个习惯帮助和照顾他人的同学，是不是非常积极、乐观，更容易感受到开心、幸福？是不是人缘很好？是不是能力很强？等等。

懂得换位思考的人，不仅能为他人带去爱、温暖和力量，也很容易滋养自己的心灵，获得极强的幸福感。

第三，从建立微习惯开始管理行为习惯

你的每一个行为背后都有你的想法和动机，这一点你自己最清楚、最了解。养成良好的行为习惯可能并不容易，但我们如果能从建立微习惯开始，这件事就会变得简单很多。

这种方法的核心是通过设立小小的、易于实现的目标，使得你想要养成的行为习惯慢慢变成可持续的自动化行为。简单说，这种方法就是把大习惯切分成

最基础、最简单的微小行为模式，以让我们很容易就能做到，比如每天读一页书、背 10 个单词、写只有 50 个字的日记、做 5 个开合跳、做 3 道数学题等。这些小的行为听上去是不是完全不会有心理负担？

微习惯可以大大降低管理行为习惯的门槛和难度。而且你一不小心就会超额完成目标。这种感觉是不是特别好？

所以，请从建立微习惯入手来管理你的行为习惯吧！首先要做的是明确一下你想要改变或建立的行为习惯。

比如，你想改善你与别人的关系，那你要建立的微习惯可以是对你见到的人微笑。

比如，你想让自己更加健康，那你要建立的微习惯可以是每天早上按时吃早饭。

你可以根据自己的完成情况及时调整和升级自己的行为。

从某种意义上讲，能否养成良好的行为习惯，决定着你的明天和未来。

所以，孩子，持续努力和实践吧，你一定可以建立积极、健康的行为习惯，最终实现成功的自我管理和全面成长，成为一个对社会有正面影响的青少年！

第 10 章

我常被家长埋怨乱花钱怎么办——管理财务

金钱虽非万能，但若能智慧管理财务，可开启无限可能。

孩子，现在我们一起来聊聊关于个人财务管理的话题。个人财务管理和你每天的生活息息相关，对你的未来也会产生很大的影响。我们从我的一些经历开始讲起。

2016 年至 2020 年，我连续在寒暑假期间带几十个十几岁的孩子出国游学。基本行程是，浏览著名大学，在学校进行学习，住在当地的家庭体验异国他乡的风土人情，等等。

整个行程的内容丰富多彩，但孩子们最感兴趣的是买买买，去每个景点都会疯狂购物，他们的消费欲望非常强。很多孩子对于钱没有概念，拿着家长给的卡随意刷。对他们而言，小到吃吃喝喝，大到奢侈品的消费，都不在话下。还有孩子随身携带了大量现金，钱财丢失或被盗的现象时有发生。

能负担得起孩子出国游学费用的家庭相对都比较富裕，再加上我们所处的时代到处都是诱惑，因此我能理解那些孩子的行为。即使这样，他们对于金钱的认知和消费理念还是让我既吃惊又担心，所以我一直提醒他们理性消费。很多孩子返程的时候，行李比起出发的时候多了好多，背后买单的当然是他们的家长。家长的反应则基本是这样的："孩子对钱没有概念，大手大脚惯了。我们也不知道怎么帮助孩子调整，也许他长大后慢慢就知道怎么管理钱了。"

与此形成鲜明对比的是，一些家庭条件不太好的孩子，除了上学和日常生活的必要开支，基本上不消费。他们无论买什么都会犹豫，再三思量。我能感受到，他们对于金钱、财物有一种不配得感，觉得自己不应该或不配拥有太好太贵的东西。他们的家长似乎也没有和他们聊过关于金钱和财务管理的相关知识，他们在这方面的认知几乎是空白。这样的孩子也很难有科学的金钱观和财务管理能力。

大部分孩子则处于这两种情况之间，日常会有一些消费，但也没有合理的消费习惯。我问他们对金钱的看法，他们基本说不出什么，甚至会坦白告诉我：他们从未考虑过这个问题，因为爸爸妈妈告诉他们，把学上好就行了，其他的都不用管。

以上情况让我觉得，青少年的财务管理意识和能力培养非常有意义和价值。如果从小能建立关于金钱和财务的正确概念及健康的习惯，可以为你将来的经济独立和理财能力打下基础，也会助力你和金钱建立良好的关系，让你和家人都过上幸福的生活。

目前，很多成年人可能都没有做到这一点，因为他们青少年时期在财务方面的教育严重缺失。青少年如果能进行科学的自我财务管理，有正确的金钱观和消费观，那么每一笔明智的花费都是通往独立的一步。

孩子，请做好准备开启一场学习自我财务管理的旅程吧！相信你一定会有很多收获。

第一，请认真了解一下财务究竟是怎么回事

钱从哪里来？钱又到哪里去了？你家的基本财务状况怎么样？财务管理具体指的是什么？你想过这些问题吗？

钱从哪里来？大部分孩子也许会说，钱从爸爸妈妈那里来，是爸爸妈妈通过辛勤工作赚来的。当然，也有一些父母除了工作收入，还有其他收入。具体的情况你可以问问爸爸妈妈。

作为家里的一名成员，无论你年纪多大，都可以了解一下家里的财务情况。我经常建议家长和孩子谈钱，让孩子知道家里的经济情况，甚至可以和孩子具体聊聊赚钱的感受，这样可以更好地帮助孩子了解金钱。

有收入就有支出，那钱又到哪里去了呢？买过东西的孩子都知道，用钱能买到自己喜欢的东西，但你知道你需要多少钱才能维持现在的生活吗？可以拿出一张白纸，在中心位置画上你和你的家，在四周写或者画出你家的支出情况，比如房贷、房租、电费、燃气费、交通费、通信费等。还可以根据家里的具体情况准备一笔备用金，用于家里可能出现的一些意外开销。

这也提醒我们，我们手里的钱不能都花掉，要学会储蓄，以备不时之需。

了解了家里的基本收入和支出之后，你对家里的财务情况就有了比较清楚的认识。

读了以上内容，你有什么感想？你现在如何看待金钱、财物和财务管理呢？

希望以上的内容能让你了解，你当下的生活背后是爸爸妈妈的艰辛付出，金钱不是花不完的，父母赚钱不容易，不能毫无节制地乱花钱。了解甚至参与家庭财务管理，会让你产生价值感，也可让你家的亲子关系更加亲密。

你可能会怀疑：“我还是个孩子，真的可以做到这些吗？”在这里，我推荐大家去看看畅销书《小狗钱钱》，这是一本非常适合青少年甚至成年人的财商启蒙书。本书故事的主角是12岁的普通女孩吉娅，她在一只会说话的理财高手小狗钱钱的指导下，通过一系列的探索和实践，不仅改变了自己的财务状况，还帮助家人解决了财务危机，稳定了家庭的经济状况。虽然这是一个童话故事，但我们通过它可以学到很多关于金钱、理财和财务管理的知识和方法。

第二，学会判断“我需要”和“我想要”

生活中我们看得到和看不到的用钱的地方非常多，所以在购物前不妨问问自己，这个东西是“我需要的”，还是“我想要的”？

“我需要的”东西是生活必需品，能满足你的基本生活需求，例如食物、衣服、作业本等；而“我想要的”东西并不是生活必需品，甚至可能是奢侈品，例如昂贵的限量版球鞋、名牌衣服或包包、玩具等。

理性消费就是要避免冲动消费，根据财务状况先满足基本生活需求，再考虑其他非必需需求。养成理性消费的习惯，无论是现在，还是未来，你将受益匪浅。

第三，学习一些必要的理财知识和小技巧

在这个信息化时代，如果想学习必要的理财知识，还是有很多路径的，例如阅读相关书籍、观看相关视频等，可以让爸爸妈妈或老师帮你筛选一下。这样你就能慢慢积累一些理财知识和方法，你的理财能力就会像一粒小小的种子一样慢慢发芽生长。

你还可以基于你手里的压岁钱和零花钱做一些简单的财务管理实践，可以先从让爸爸妈妈帮助你建立一个储蓄账户开始，就像《小狗钱钱》里的吉娅一样，从简单的理财做起，一步一步建立和金钱的关系，培养和提升自己的财务素养。

第四，合理规划、使用手里的钱

现在很多青少年都有自己的小金库，他们的钱来自父母或其他长辈过年时给的压岁钱、平时的零花钱等，可能数目还不小。

那么，如何合理规划、使用这笔钱，从而使其发挥最大价值呢？我在这里给出以下 2 个小建议。

养成理性消费的习惯

合理制订自己近期和远期的消费计划，学着做预

50

算，如购买学习用品、购买篮球鞋等，并详细记录收入和开支。记住，良好的记账习惯会助力你合理规划你的钱。

开设储蓄账户

可以在父母的帮助下开设储蓄账户，从小培养储蓄习惯，建立储蓄目标，甚至可以尝试做一些简单的投资。当然，一定要在父母的指导下进行。

孩子，你要明白，合理利用你手里的钱，可以让它发挥最大价值，也会让你有不一样的感受和收获，这种幸福快乐的体验难能可贵。一个人如何对待金钱，支配金钱，也是一种品行的体现。愿你通过不断的实践，在成长的路上少走弯路，为将来的经济独立和财务自由打下基础。

第 11 章

我和爸爸妈妈经常发生冲突怎么办——管理和爸爸妈妈的关系

一个人和父母的关系从某种意义上讲就是他和整个世界的关系。

亲爱的孩子，提到爸爸妈妈，你脑海里第一时间会浮现出什么呢？如果让你用 3 个词形容你和父母之间的关系，那会是什么呢？如果这 3 个词都是积极、有爱、正能量的词，那么恭喜你，你和父母的关系不错。否则的话，我想抱抱你！我愿意和你一起来分析一下是什么造成了这种局面。

我也愿意给你一些建议，帮你管理好与父母的关系，和他们成为朋友，收获轻松幸福的亲子关系。

也许，有孩子会说自己并不想和爸爸妈妈成为朋友，甚至很厌烦和他们在一起。无论如何，请相信我，你实际上想要的是爸爸妈妈理解你、支持你、爱护你。即使在你选择离开他们的时候，你都希望他们不要真的离开你。你静下心来想想，是不是这样呢？

小林是一个正在上小学6年级的男生，他已经有2个月不和爸爸妈妈说话了，每天必要的沟通都是通过写字条来实现的。他说，和爸爸妈妈无法沟通，不如不说话，还能省点力气。

小安是一个正在读初一的女生，她现在整天把自己关在房间里，而且说以后不想再去上学了。她说，学习和成绩是爸爸妈妈想要的，不是她想要的。她想画画，但爸爸妈妈不支持她，她想沟通却换来无尽的争吵。所以，她选择每天把自己关在房间里。

轩轩是一个正在读初三的男生，他是通过我的著作《青少年社交高手：做一个会说话懂交际情商高的孩子》联系到我的。他说他不知道如何与爸爸妈妈沟通，感到十分沮丧和绝望。他的爸爸妈妈经常吵架，他经常为此感到担心和恐惧，经常想各种不好的事，想要求助，又不知道如何求助。

这样的例子还有很多，这些孩子很让人心疼。一般而言，导致以上问题的原因不外乎以下 3 个。

1. 亲子之间没有共同语言，彼此都觉得不被理解，沟通起来无力感很强。

2. 亲子双方都不会好好说话，双方的表达方式都有问题。比如，在很多家庭，亲子之间不开口则已，一开口就是枪林弹雨。即便是表达关心和爱的语言，似乎也带着不耐烦和不舒服，所以很多沟通都是不欢而散。

3. 亲子关系不和谐，这是最根本的一个原因。关系是基础，无论是客观原因还是主观原因，造成的亲子关系不好都会影响亲子沟通和相处，导致各种各样的问题。

其实，每一个孩子都知道，爸爸妈妈是最爱自己的人，也是自己最在乎的人。也就是说，孩子内心深处其实都特别想和爸爸妈妈处好关系。

想象一下，如果爸爸妈妈特别理解你，能用你想要的方式爱你、和你沟通，能全力支持和帮助你，那该多好啊！接下来，我们一起来看看怎么让这美好发生。

其实，最核心的问题是尽力经营好你和爸爸妈妈的关系。这就是我要给你的锦囊。有人说过："一个人和父母的关系就是他和整个世界的关系。"

具体来讲，每个人只需要处理好两种关系，就能与世界融洽相处。其中，一种是和爸爸妈妈的关系，另一种是和其他人的关系。所以，尽全力经营好和爸爸妈妈的关系至关重要。如果做到了这一点，你会发现很多问题都会迎刃而解。接下来的日子里，试着和爸爸妈妈好好相处吧！

第一，全方位了解一下你的爸爸妈妈

孩子，你知道爸爸妈妈的生日吗？你知道他们的身高、体重、鞋子的尺码吗？你知道他们的爱好和特长吗？等等。

如果问你的爸爸妈妈关于你的这些问题，他们肯定可以轻松回答出来。你可以从弄清楚这些问题入手了解自己的爸爸妈妈。

你还可以找个合适的时间，让爸爸妈妈给你讲一下他们的故事。也许，你越了解他们，你就越想靠近和理解他们。

需要提醒的是，你真的要去聆听，这样他们才会说。真正的聆听要做到不打断、不评价和及时回应。在这个过程中，你可以感受爸爸妈妈的情绪变化和需求，这有助于你们之间良好亲子关系的建立和维持。

第二，邀请爸爸妈妈和你一起做一件事情

良好的亲子关系，建立在彼此良好陪伴的基础上。可是由于种种原因，你们可能很久都没有一起做一件事情了。向你的爸爸妈妈发出这样的邀请吧！这件事可以是你喜欢的，你想让他们多了解一些。这件事也可以是他们喜欢的，你想陪伴他们一起去做。我和我的儿子小宇一起做过很多事情，我列个清单给你做参考。

1. 一起围观他喜欢的游戏。

2. 一起讨论他喜欢的小说。

3. 一起看脱口秀节目，一起捧腹大笑。

4. 一起听他发现的好听的歌曲。

5. 一起跑步、健身。

6. 一起去公园散步，并聊聊最近遇到的新鲜事。

7. 一起阅读。

8. 一起看电影。

9. 一起聊聊近期的热点话题。

10. 一起旅行。

11. 一起吃冰激凌。

12. 一起做家务。

……

其实，你可以和爸爸妈妈一起做的事情有很多。而且，你会发现，一旦你能敞开心扉和爸爸妈妈去互动、去相处，你们的关系会很快升温。

即便很多话你还说不出来，也不知道如何表达，但你们共度的美好时光仍会拉近你们的距离，会增加你们的共同语言。

我陪伴儿子做过很多事情，我们的关系由此越来越亲密。我深入地了解了他喜欢玩的游戏和爱读的小说之后发现，他的这些爱好并不是我此前想象中的洪水猛兽，我反而觉得很有趣，甚至会主动要求和他一起玩游戏、一起读书。我们的亲子关系非常融洽、和谐。现在的他已经是个快 15 岁的小伙子了，我们之间并没有青春期孩子和父母之间常见的那些问题，我们是朋友，是伙伴。

期待一下你的爸爸妈妈和你一起做一件事情的美好场景吧，尤其是你觉得爸爸妈妈之前十分拒绝的事情。

通过一起体验，你们的观念可能会有大大的改变。赶快列一个你想尝试的事情的清单吧！

温馨提示一下，请多一点耐心，多试几次，即使遇到一些困难，也不要轻易放弃，因为美好的结果值得我们努力和付出！

第三，用多种方式去表达和沟通

亲子之间的很多问题或误会都源于不表达或者不合适的表达。你开始可能只是不会表达，时间长了可能就不想表达了。由此，亲子关系会越来越紧张。其实，表达爱的方式有很多，你可以选择适合自己的。

妈妈下班回家后，你默默帮她倒一杯水；洗衣机停下来之后，你去帮忙晾晒衣服；你和爸爸马上要吵架时，你努力平静下来并告诉爸爸："我不想和您吵架，我们静一静再沟通怎么样？"妈妈心情不好时，你拉一拉她的手或给她一个拥抱；爸爸在工作中受挫时，你给他捏几下肩膀，为他加油；你什么都不想说的时候，给爸爸妈妈留一张小纸条，并在上面画一颗爱心……这些都是表达，都是爱的表达。

无论选择哪种方式，都要记得带着爱去实践，因为爱可以解决一切问题，也是建立良好亲子关系的基础。即便你没有说出来，爸爸妈妈也可以感受到你的爱和用心。

第四，带着真诚和爱去表达

真诚表达你的想法，才能让沟通和理解真正发生。不要总以为爸爸妈妈知道，或觉得爸爸妈妈应该知道。他们有自己的工作和生活，并不能时时刻刻关注你，所以很多时候，所谓的不理解和代沟，可能只是你的猜测，并不是客观事实。遇到问题，真诚、耐心地和爸爸妈妈沟通，简单直接地告诉爸爸妈妈你想要什么，需要他们如何配合你，这才是最重要的。

我要提醒一点，可以表达情绪，但要避免带着情绪去表达。如果发现自己的情绪难以平复，建议先搞定自己的情绪，再找时间和爸爸妈妈沟通。要对自己

和爸爸妈妈有信心，只要能带着真诚和爱去沟通，所有问题都会得到解决。

第五，想一下，你可以为爸爸妈妈做些什么

如果你开始思考这个问题了，那么恭喜你，你真的长大了，可以理解和帮助爸爸妈妈了。那么，你可以为爸爸妈妈做些什么呢？哪怕只是一件小事，对于你们之间的关系而言可能也是意义非凡的。这是爱的流动，会让你们双方都感受到幸福和快乐，你们的关系会越来越好。

最后，作为一个妈妈，我悄悄地告诉你，无论发生什么事情，爸爸妈妈都爱你。只是看着越来越大的你，爸爸妈妈有时候确实不知道该怎样与你沟通和相处。尤其是对于进入青春期的你，由于你的变化太大了，爸爸妈妈有时会不知所措，遇到问题的时候会害怕、心慌，甚至可能想要得到你的帮助。所以，无论

表面上发生了什么，都不要松开爸爸妈妈的手，更不要推开他们。

爱、尊重、相信、支持多一点，问题就会一点一点消失不见。方法很简单，行动最重要！

第 12 章

我总是不能和朋友友好相处怎么办——管理和朋友的关系

在你快乐时能与你共享，在你困难时能给你力量，在你迷茫时能给你方向，这样的人才是真正的朋友。

朋友是对你很特别的人，你有快乐或烦恼的事都想第一时间和他们分享。亲爱的孩子，当你想到你的朋友时，你脑海里会浮现什么呢？当和朋友在一起的时候，你会有怎样的感受呢？你们一定有很多美好的回忆和感受，也可能有不好的经历和烦恼。随着年龄的增长，你可能会花越来越多的时间和朋友在一起，他们会成为你生活甚至生命中很重要的一部分。所以，你需要花时间和心思去管理你们之间的关系。

我的《青少年社交高手：做一个会说话懂交际情

商高的孩子》一书里有如何结交朋友以及如何辨别真正的朋友的内容，大家可以阅读参考。对于如何管理朋友，我在这里和大家分享以下 4 点。

第一，关系再好，也要有边界

小可和彤彤既是同学也是闺密，两个人很聊得来，关系很亲密。

平时，她们在学校一起吃饭，一起写作业，无话不谈。

小可觉得彤彤的事就是自己的事，彤彤的东西就是自己的东西。她不仅会直接用彤彤的东西，穿彤彤的衣服，连同学写给彤彤的纸条，她也会无所顾忌地看甚至代替彤彤回复。彤彤拿不定主意的时候，她也会直接帮彤彤做决定，完全不会考虑彤彤的想法和感受。

这种完全没有界限的相处方式让彤彤感到不太舒服，她渐渐地开始疏远小可。

在这个故事里，小可没有注意朋友间的边界感，导致她马上要失去一段友谊。每个人都有自己的想法和空间，都想要被尊重、理解和信任，所以再亲密的朋友之间也要有边界。不管遇到什么事，都要询问对方的感受、想法和需求，不要过多干预和打扰，可以给予支持和帮助，但要在对方愿意接受的情况下。

如果不清楚对方的边界，可以通过相处中的观察和真诚的沟通来确认。这样的关系才能让人感觉到被支持、被尊重、被理解，也才能够健康和长久地维持。还有，务必持续保持积极进取，在友谊之外有自己的生活、兴趣、爱好、成长等，这样你才能越来越优秀，从而拥有更优质的关系。

所以，朋友之间可以亲密，但一定要有边界。

第二，要合群，但不能讨好

人都喜欢和自己像的人，所以有些孩子会为了合群而去讨好别人，甚至冒着失去自我的风险。这样的关系是需要特别注意的。

比如，朋友觉得抽烟很酷，想让你尝试，你会怎么做？朋友觉得什么都听爸爸妈妈的是很怂的表现，想让你对抗爸爸妈妈，你会怎么做？朋友喜欢说他人的坏话，你会怎么做？等等。

这些事情在日常生活中很常见，有些孩子会为了讨好朋友，为了合群，盲目跟风做一些自己其实并不太认可的事情。但请你思考一下，这样的合群真的是你想要的吗？这样的合群会为你带来什么呢？做完这些事之后，你会有什么样的感受呢？你也可以问问自己，面对这样的事情，如果你不合群，又会有什么样的结果呢？你可能会失去这样的朋友，但失去这样的朋友，你会有什么损失呢？这样的朋友并不一定是真正的朋友。

真正的朋友是能和你一起努力，一起前进，一起做正能量的事情，一起变得越来越好的人。

当然，如果对方对你很重要，你也可以尝试沟通，给对方合理的建议。记住，让自己保持清醒、守住底线、不盲目跟风，十分重要。

还要提醒大家一点，讨好别人并不能让对方真正喜欢你。讨好别人不如讨好自己，把时间花在提升自己上，真正爱自己。当你因为越来越优秀而闪闪发光的时候，你会拥有更多更好的选择。

第三，可以喜欢，但要有分寸

在人际关系中，适度交往，可以最大程度地避免矛盾。你和朋友之间的关系再好，也要懂得把握分寸。有分寸感，是一个人的顶级魅力。人际交往中的分寸，处理得好会让人如沐春风，处理得不好则可能让人厌烦。

在人际交往中，我们可以适度地表达自己的想法，但一定不要过度表现自己，从而忽略周围人的情绪。一个懂得保持分寸感的人，会顾及别人的需求和感受，能与人建立长久的关系。

在与异性相处的过程中更是如此。随着年龄的增长，很多孩子会发现自己对一些异性朋友产生了不一样的感觉。比如，对方会牵动你的注意力，甚至会影响你的情绪变化。对方的回应会带给你很多美好的感觉，也可能让你难过、迷茫。这都是很正常的事情。

但是，什么可以做、什么不可以做，这个分寸要把握好。因为你还是未成年人，身体和心智还不成熟，一定要保护好自己。

第四，可以交网友，但要谨慎

现在，网络十分发达。我们每个人每天几乎都会在网络上花费一定时间。你可能会结交一些素未谋面的朋友，你们可能有很多共同语言。和在现实世界不同，在网络这个虚拟的世界里我们似乎更加自由自在，不受拘束。但以下 4 点大家一定要注意。

谨慎分享个人真实信息

这些信息包括你的真实姓名、家庭住址、就读学校、父母的信息、家庭财务状况等。这些都是个人隐私。一定要保护好个人隐私，以免遭受不必要的人身和财务风险。还要注意交流主题的边界，要适度，不过度，要积极、健康、充满正能量。

谨慎评估网友的各种信息

网络虚拟世界很复杂。对于网友，你若不知道对方真实的个人身份、社会背景、交友目的等，是很危险的，所以通过长时间的观察和交流去评估对方相关信息的真实性是很有必要的。不要轻易相信网络，更不要轻易见网友，以避免遭遇各种危险。

谨慎见面

经过一段时间的线上交流，如果决定去见网友，计划把网友转变为现实中的朋友，一定要谨慎安排。

可以选择在公共场所见面，见网友之前要告知家长或你非常信任的成人，和他们保持联系，并及时分享见面的时间、地点、对方的情况等。

做好各方面的保障，才能让见面安全且无后顾之忧。

及时反馈和求助

在和网友线上或线下的交流中，如果发现潜在危险，一定要及时向家人或你信任的成年人反馈，并寻求帮助和指导。

有些人会利用未成年人心智不成熟的特点而实施不法行为，尤其是在网络世界，所以一定要提高警惕。

希望以上的提示和分享能助力你管理好自己的朋友关系，锻炼你的社交能力，让你收获真正的友谊和社交能力。